MARTIN JOHANSSON

FOTOS JAKOB FRIDHOLM

BROT BROT BROT

100 REZEPTE FÜR JEDEN GESCHMACK

DK

Es gab einmal eine Zeit in meinem Leben, da habe ich Essenseinladungen von Freunden abgesagt, nur um mich zu Hause um meinen Teig kümmern zu können. Ehrlich gesagt, hatten meine Teige damals mehr Kontrolle über mich als umgekehrt. Ich war eigentlich ständig am Backen, meist mit Sauerteig. Für ein Blech Zimtschnecken brauchte ich teilweise fünf Tage, und nicht selten kam ein Brot um zwei Uhr nachts aus dem Ofen. Seitdem habe ich vieles getan, um die Zubereitung von Broten zu vereinfachen und sie besser in meinen Alltag zu integrieren. So verzichte ich zum Beispiel komplett auf das Kneten. Mit meinen Rezepten lassen sich lang und kurz geführte, harte, weiche, saure und süße Brote sehr einfach zubereiten. Und natürlich schmecken alle Brote unschlagbar lecker!

MARTIN JOHANSSON

MARTINS TIPPS UND TRICKS

Beim Brotbacken gibt es unterschiedliche Methoden. Und auf die Frage, was dabei zu beachten ist, bekommen Sie verschiedene Antworten. Hier sind meine:

1 Es ist völlig unnötig, frische Hefe vor dem Verrühren mit den anderen Teigzutaten in Wasser aufzulösen – sie löst sich ohnehin im Teig auf.

2 Anstelle von lauwarmem Wasser können Sie genauso gut kaltes Wasser verwenden. Beim Backen mit Sauerteig ist etwas wärmeres Wasser jedoch manchmal von Vorteil (mehr dazu auf S. 160).

3 Sie benötigen keine Rührmaschine. Wer aber eine besitzt, kann sie natürlich einsetzen.

4 Der Teig muss nicht geknetet werden.

5 Beim Aufgehen des Teigs ist leichter Zug von einem geöffneten Fenster kein Problem. Im Sommer kann eine leichte Belüftung sogar von Vorteil sein, damit beim Gehen im Teig nicht zu viel Wärme entsteht. Decken Sie Ihren Teig aber immer ab, um ihn vor dem Austrocknen zu schützen.

6 Je wärmer es im Raum ist, desto schneller geht der Teig auf. Wer es eilig hat, kann den Teig mit bis zu 40 °C heißem Wasser anrühren und an einem 20–25 °C warmen Ort aufgehen lassen. Verlängern lässt sich die Gehzeit, indem man den Teig an einen kühlen Ort, zum Beispiel in den Kühlschrank, stellt.

7 Sie können während der Vorbereitungen jederzeit eine Pause einlegen und den Teig in den Kühlschrank stellen. Hier geht er nur sehr langsam weiter auf. Alternativ kann man sämtliche Luft aus dem Teig herauspressen und ihn erneut gehen lassen. Eine verlängerte Gehzeit ergibt immer ein besseres Brot.

8 Wann ein Teig fertig aufgegangen ist, ist nicht so leicht zu bestimmen. Wenn der Teig Spannung aufweist und noch fest wirkt, muss er noch etwas länger ruhen. Wirkt er jedoch locker und geradezu aufgebläht, ist er backfertig. Drücken Sie zur Probe leicht mit dem Finger in den Teig, die entstandene Delle darf nicht sofort zurückfedern.

9 Betrachten Sie die im Rezept angegebenen Gehzeiten nur als grobe Richtschnur, denn sie hängen stets von der Zimmertemperatur ab. Braucht ein Teig im Sommer 1 Stunde, kann er an einem kalten Wintertag durchaus doppelt so lange gehen.

10 Verlassen Sie sich auch nicht auf die angegebenen Backzeiten. Vertrauen Sie vielmehr auf das, was Sie sehen und fühlen. Wenn Sie unsicher sind, hilft ein Bratenthermometer: Dunkle Brote sind bei 98 °C durchgebacken, helle Brote bei etwa 96 °C.

11 Werfen Sie trockene Brotkanten nicht weg, sondern frieren Sie sie lieber in Würfel geschnitten ein. Sie schmecken später in Olivenöl geröstet als köstliche Croûtons auf Suppen und Salaten. Ein weiterer Klassiker sind Arme Ritter: Dafür das Brot in mit Milch verquirltes Ei tauchen und in reichlich Butter ausbacken.

12 **Seien Sie nicht traurig, wenn Ihr Brot nicht so aussieht wie auf dem Foto. Mir gelingt das auch nicht immer.**

DIE BACKHELFER

1 *Rührschüssel mit mindestens 4 l Inhalt*

2 *Teelöffel, Esslöffel & Co. zum Abmessen*

3 *Holzlöffel*

4 *Geschirrtuch*

5 *Backofen*

DIE KÜCHENHELFER

1 *Digitalwaage* Sie ermöglicht das präzise und rasche Abmessen der Zutaten, besonders praktisch: die Tara-Funktion.

2 *Topf* In einem ofenfesten Topf lässt sich auch aus sehr weichem Teig perfekt geformtes Brot backen (s. S. 235).

3 *Brotbackstein* Er gibt Broten und Pizzen eine besonders knusprige Kruste und mehr Aroma.

DIE ZUTATEN

Roggenmehl

Weizenmehl

Grahammehl oder Dinkelvollkornmehl

Salz möglichst Meersalz

Hefe natürlich immer frische Hefe

Backpulver

Natron

Sauerteig im Kühlschrank gelagert

Honig

Saaten z. B. Sonnenblumen- und Kürbiskerne, Sesam

Butter

Zucker

DIE REZEPTE

Die meisten Rezepte ergeben ein oder zwei Laibe Brot. Wenn Sie mehr oder weniger backen möchten, verdoppeln oder halbieren Sie die Zutatenmengen einfach. Nur im Kapitel Sauerteigbrote sind die Teigmengen etwas größer bemessen, denn Sauerteigbrot hält länger frisch – und seine Fans sind auch meist sehr hungrig.

APROPOS ...

REZEPTE

Meine Rezepte funktionieren ohne jeden Hokuspokus und dürfen nach Herzenslust abgewandelt werden. Wenn Sie zum Beispiel aus dem Teig für das Brot mit Dinkelkörnern (s. S. 22) lieber Baguettes backen möchten, tun Sie das! Wenn Ihnen das Toastbrot (s. S. 39) zu hell ist, geben Sie einfach etwas Vollkornmehl dazu (in der Regel kann bis zur Hälfte der feinen Mehlmenge durch Vollkornmehl ersetzt werden). Sie können auch eine Hälfte des Teigs zu Brötchen und die zweite Hälfte zu einem Laib formen. Die Brötchen genießen Sie dann zum Frühstück und das Brot zum Abendessen.

Schon beim Durchblättern wird Ihnen auffallen, dass ich sehr einfach arbeite. So verwende ich zum Beispiel in der Regel für Brote mit Übernachtgare 3 g Hefe, für solche mit kurzer Teigführung aber 10 g. Doch experimentieren Sie selbst! Bereiten Sie beispielsweise den Teig für ein Brot mit kurzer Teigführung zu, reduzieren Sie dabei die Hefemenge und lassen Sie den Teig langsam über Nacht gehen. So können Sie auch die Walnussbaguettes (s. S. 61) über Nacht gehen lassen. Das führt zu einem anderen, aber nicht weniger guten Ergebnis – und nur das zählt.

BROTE

Mein Tipp: Geizen Sie nicht mit Mehl auf dem Geschirrtuch – besonders dann, wenn das Tuch frisch benutzt wird.

BROTE

Die Teige in diesem Kapitel bereite ich nach zwei unterschiedlichen Methoden zu: Bei der einen lasse ich den Teig nach dem Verrühren mehrere Stunden oder über Nacht ruhen, bei der anderen falte ich den Teig mehrmals im Wechsel mit einer Ruhephase. So bekommt er die nötige Spannung ganz ohne Kneten.

TEIG FALTEN

1
Den Teig am Rand mit der feuchten Hand fassen ...

2
... und behutsam zur gegenüberliegenden Seite ziehen.

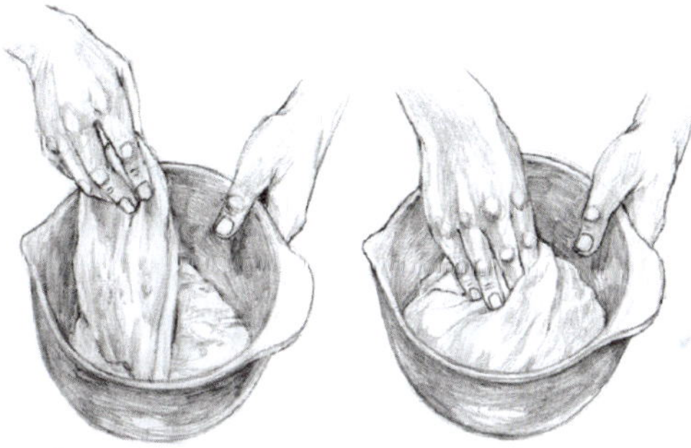

3
Rundum drei- bis viermal wiederholen, bis die Runde abgeschlossen ist.

TEIG ZU EINEM LAIB FALTEN

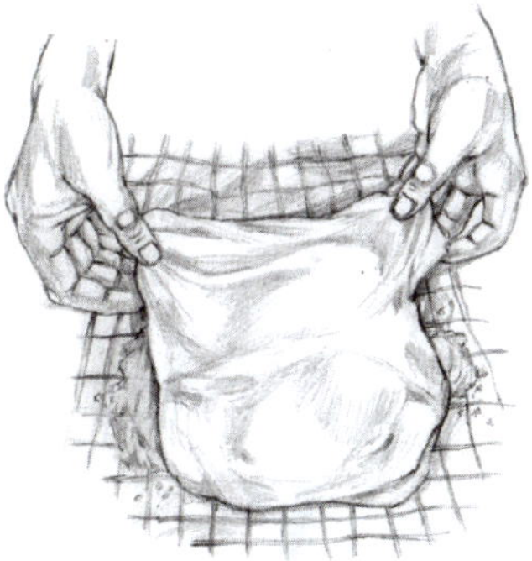

1
Den Teig auf einem bemehlten Geschirrtuch leicht auseinanderziehen.

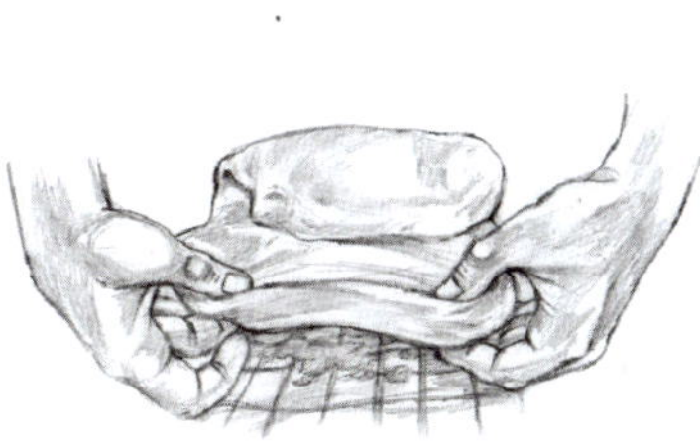

2
Eine Längsseite zur Mitte falten, die andere Seite darüberschlagen.

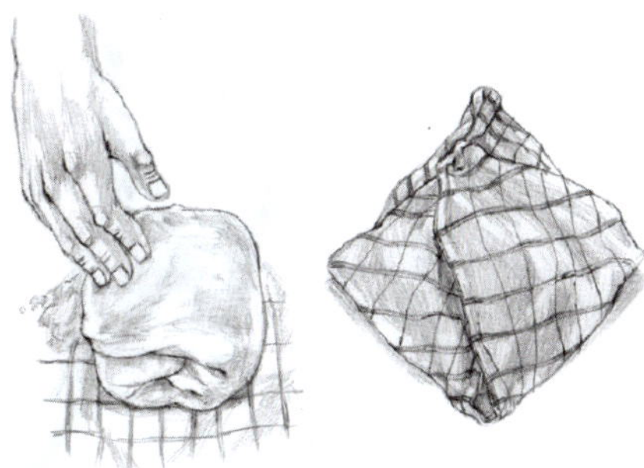

3
Zuletzt das Geschirrtuch über den Laib schlagen.

HELLES BROT

ERGIBT 1 BROT . 4 STUNDEN . ARBEITSAUFWAND 2 VON 5

Für den Teig:
¼ Würfel frische Hefe (10 g)
450 g Weizenmehl (Type 550), plus mehr zum Arbeiten
10 g Salz

Haltbarkeit und Lagerung
Am besten schmeckt das Brot bis zu 2 Tage nach dem Backen. Danach kann man es gut toasten oder in etwas Öl rösten. Das Brot mit der Schnittseite nach unten auf einem Schneidebrett stehend lagern. Zum Tiefkühlen in Scheiben schneiden.

Von Hand

1 Hefe, Mehl, Salz und 350 ml kaltes Wasser in einer Schüssel kurz zu einem Teig verrühren. Dabei jedoch nicht kneten. Den Teig mit einem Deckel oder mit Frischhaltefolie abgedeckt etwa 30 Minuten gehen lassen.

2 Zum Teigfalten den Teigrand mit der feuchten Hand fassen und behutsam zur gegenüberliegenden Seite ziehen. So fortfahren, bis die Runde abgeschlossen ist (s. S. 15). Die Schüssel wieder abdecken und den Teig weitere 30 Minuten ruhen lassen.

3 Den Teig nochmals wie in Schritt 2 beschrieben falten und abgedeckt etwa 1 Stunde gehen lassen.

4 Danach den Teig auf ein gut bemehltes Geschirrtuch geben und zu einem Laib falten (s. S. 15). Mit dem Schluss nach unten legen, das Geschirrtuch darüberschlagen und den Laib 45–60 Minuten gehen lassen.

5 Mindestens 30 Minuten vor dem Backen den Backofen (nach Belieben mit Brotbackstein) auf 250 °C vorheizen. Ein Backblech mit Backpapier belegen.

6 Den Laib mit dem Schluss nach oben auf das Blech oder den Backstein legen. Die Temperatur auf 230 °C reduzieren und das Brot im Ofen (Mitte) etwa 35 Minuten backen. Auf einem Gitter abkühlen lassen.

Mit Rührmaschine

1 Alle Zutaten und 350 ml kaltes Wasser 10 Minuten (mittlere Stufe) verrühren. Den Teig abgedeckt etwa 1½ Stunden gehen lassen.

2 Fortfahren wie in Schritt **4–6** beschrieben.

Dieses Grundrezept für helle Brote können Sie nach Lust und Laune abwandeln. Dabei gilt als Faustregel: Etwa ein Fünftel des Weizenmehls lässt sich durch eine geschmacklich kräftigere Mehlsorte – zum Beispiel Roggen- oder Dinkelvollkornmehl – ersetzen. Mein persönlicher Favorit ist übrigens Emmermehl. Wenn Sie die Wassermenge leicht erhöhen, wird aus dem Grundrezept ein einfacher Ciabattateig.

Die Zeitangaben in diesem Rezept sind nur eine grobe Richtschnur. Verlassen Sie sich lieber auf Ihre Erfahrung. Wenn Sie den Teig eine Weile allein lassen müssen, stellen Sie ihn einfach in den Kühlschrank, bis Sie wieder zurück sind. Und lassen Sie das Brot beim Backen ruhig ordentlich Farbe annehmen!

TOPFBROT MIT DINKEL

ERGIBT 1 BROT . 11 STUNDEN . ARBEITSAUFWAND 1 VON 5

Im Topf gebackene Brote werden immer schön rund, ohne dass der Teig vorher perfekt geformt sein muss (s. S. 235). Mit dieser Technik können Sie eigentlich jedes Brot backen. Wichtig ist nur ein ofenfester Topf mit Deckel, dessen Griffe bei Bedarf abgeschraubt werden können. Ohne Topf falten Sie den Teig wie gewohnt (s. S. 15).

Für das Brühstück:
50 g Dinkelvollkornmehl

Für den Teig:
3 g frische Hefe
100 g Dinkelvollkornmehl, plus mehr zum Arbeiten
300 g Weizenmehl (Type 550)
30 g Honig
10 g Salz

Außerdem:
ofenfester Topf

Haltbarkeit und Lagerung
Am besten schmeckt das Brot 2–3 Tage nach dem Backen. Mit der Schnittseite nach unten auf einem Schneidebrett stehend lagern oder in einem Frischhaltebeutel aufbewahren. Allerdings wird die Kruste darin weich.

1 Für das Brühstück Mehl und 100 ml kochend heißes Wasser in einer Schüssel verrühren. Mit einem Deckel oder mit Frischhaltefolie abgedeckt mindestens 2 Stunden quellen lassen.

2 Für den Teig Brühstück, Hefe, beide Mehlsorten, Honig, Salz und 250 ml kaltes Wasser in einer Schüssel kurz von Hand oder in der Rührmaschine zu einem Teig verrühren. Dabei jedoch nicht kneten. Den Teig mit einem Deckel oder mit Frischhaltefolie abgedeckt bei Zimmertemperatur 7–10 Stunden gehen lassen.

3 Danach den Teig auf ein gut bemehltes Geschirrtuch geben und zu einem Laib falten (s. S. 15). Mit dem Schluss nach unten legen, das Geschirrtuch darüberschlagen und den Laib 45 Minuten gehen lassen.

4 Rechtzeitig vor dem Backen den Backofen auf 250 °C vorheizen. Den Rost so in den Ofen schieben, dass der Topf mit Deckel hineinpasst.

5 Den Laib in den Topf stürzen. Den Deckel auflegen, den Topf in den Ofen stellen und das Brot 20 Minuten backen. Danach das Brot ohne Deckel noch 20 Minuten weiterbacken. Aus dem Topf lösen und auf einem Gitter abkühlen lassen.

WALNUSSBROT

ERGIBT 1 BROT . 4 STUNDEN . ARBEITSAUFWAND 2 VON 5

Für den Teig:
¼ Würfel frische Hefe (10 g)
375 g Weizenmehl (Type 550)
75 g Roggenmehl (Type 1370), plus mehr zum Arbeiten
30 g Honig
12 g Salz
150 g Walnusskerne

Haltbarkeit und Lagerung
Das Brot hält sich problemlos einige Tage. Dabei mit der Schnittseite nach unten auf einem Schneidebrett stehend lagern. Wenn das Brot trocken wird, im Toaster kurz aufbacken.

Von Hand
1 Hefe, beide Mehlsorten, Honig, Salz und 350 ml kaltes Wasser in einer Schüssel kurz zu einem Teig verrühren. Dabei jedoch nicht kneten. Die Walnusskerne untermischen. Den Teig mit einem Deckel oder mit Frischhaltefolie abgedeckt etwa 30 Minuten gehen lassen.

2 Zum Teigfalten den Teigrand mit der feuchten Hand fassen und behutsam zur gegenüberliegenden Seite ziehen. So fortfahren, bis die Runde abgeschlossen ist (s. S. 15). Die Schüssel wieder abdecken und den Teig weitere 30 Minuten gehen lassen.

3 Den Teig nochmals wie in Schritt 2 beschrieben falten und abgedeckt etwa 1 Stunde gehen lassen.

4 Danach den Teig auf ein gut bemehltes Geschirrtuch geben und zu einem Laib falten (s. S. 15). Mit dem Schluss nach unten legen, das Geschirrtuch darüberschlagen und den Laib 45–60 Minuten gehen lassen.

5 Mindestens 30 Minuten vor dem Backen den Ofen (nach Belieben mit Brotbackstein) auf 250 °C vorheizen. Ein Backblech mit Backpapier belegen.

6 Den Laib mit dem Schluss nach oben auf das Blech oder den Backstein legen. Die Temperatur auf 230 °C reduzieren und das Brot im Ofen (Mitte) etwa 35 Minuten backen. Auf einem Gitter abkühlen lassen.

Mit Rührmaschine
1 Alle Zutaten (bis auf die Walnüsse) und 350 ml kaltes Wasser 10 Minuten (mittlere Stufe) verrühren. Die Nüsse zugeben und 10 Minuten weiterrühren. Den Teig abgedeckt etwa 1 Stunde ruhen lassen.

2 Fortfahren wie in Schritt **4–6** beschrieben.

Für ein gutes Backergebnis und eine schöne Porung achten Sie auf die Reihenfolge: Geben Sie die Walnüsse erst zu, wenn der Teig bereits verrührt ist. Sonst bleibt das Mehl an den Nüssen haften. Außerdem muss der Teig sehr weich sein, bevor die Nüsse dazukommen.

Mein Tipp: Lassen Sie das Brot im Ofen schön dunkel werden. So schmeckt es am besten.

BROT MIT DINKELKÖRNERN

ERGIBT 1 BROT . 4 STUNDEN . ARBEITSAUFWAND 2 VON 5

Für den Teig:
80 g Dinkelkörner
¼ Würfel frische Hefe (10 g)
75 g Roggenmehl (Type 1370)
300 g Weizenmehl (Type 550),
plus mehr zum Arbeiten
12 g Salz

Haltbarkeit und Lagerung
Am besten schmeckt das Brot bis zu 3 Tage nach dem Backen. Danach ist es ideal zum Toasten oder Rösten in der Pfanne. Das Brot mit der Schnittseite nach unten auf einem Schneidebrett stehend lagern.

Von Hand

1 Die Dinkelkörner in 400 ml Wasser etwa 15 Minuten kochen, bis sie weich werden. Dann in ein Sieb abgießen und abkühlen lassen. Alternativ die Körner im Sieb unter fließend kaltem Wasser abkühlen lassen.

2 Dinkelkörner, Hefe, beide Mehlsorten, Salz und 300 ml kaltes Wasser in einer Schüssel kurz zu einem Teig verrühren. Dabei jedoch nicht kneten. Den Teig mit einem Deckel oder mit Frischhaltefolie abgedeckt etwa 30 Minuten gehen lassen.

3 Zum Teigfalten den Teigrand mit der feuchten Hand fassen und behutsam zur gegenüberliegenden Seite ziehen. So fortfahren, bis die Runde abgeschlossen ist (s. S. 15). Die Schüssel wieder abdecken und den Teig weitere 30 Minuten ruhen lassen.

4 Den Teig nochmals wie in Schritt 2 beschrieben falten und abgedeckt etwa 1 Stunde ruhen lassen.

5 Danach den Teig auf einem gut bemehlten Geschirrtuch zu einem Laib falten (s. S. 15). Mit dem Schluss nach unten legen, das Geschirrtuch darüberschlagen und den Laib 45–60 Minuten gehen lassen.

6 Mindestens 30 Minuten vor dem Backen den Backofen (nach Belieben mit Brotbackstein) auf 250 °C vorheizen. Ein Backblech mit Backpapier belegen.

7 Den Laib mit dem Schluss nach oben auf das Blech oder den Backstein legen. Die Temperatur auf 230 °C reduzieren und das Brot im Ofen (Mitte) etwa 35 Minuten backen. Auf einem Gitter abkühlen lassen.

Mit Rührmaschine

1 Alle Zutaten und 300 ml kaltes Wasser 10 Minuten (mittlere Stufe) verrühren. Den Teig abgedeckt etwa 1 Stunde gehen lassen.

2 Fortfahren wie in Schritt **5–7** beschrieben.

Die Herausforderung bei diesem Brot besteht darin, den perfekten Gargrad der Dinkelkörner abzupassen. Sind sie zu hart, beißt man sich später fast die Zähne daran aus, kocht man sie zu lange, werden sie zu Brei. Ich koche sie, bis sie gerade weich werden, aber noch etwas Biss haben.

ANIS-LEINSAMEN-BROT

ERGIBT 2 KLEINE BROTE . 4 STUNDEN . ARBEITSAUFWAND 2 VON 5

Die Mischung aus Weizen- und Roggenmehl macht dieses Brot schön saftig, Sie können es jedoch auch mit einem Teil Graham- oder Dinkelvollkornmehl zubereiten. Für ein gutes Backergebnis muss der Teig sehr weich sein, kneten Sie also keinesfalls mehr Mehl unter.

Für den Teig:

¼ Würfel frische Hefe (10 g)
95 g Roggenmehl (Type 1150)
60 g Weizenmehl (Type 1050)
300 g Weizenmehl (Type 550), plus mehr zum Arbeiten
30 g Honig
2 EL Anissamen
1 EL Leinsamen
10 g Salz

Haltbarkeit und Lagerung

Das Brot hält sich problemlos einige Tage. Dabei mit der Schnittseite nach unten auf einem Schneidebrett stehend lagern. Das Brot lässt sich auch gut tiefkühlen. Vor dem Servieren 15 Minuten im auf 150 °C vorgeheizten Backofen oder einige Stunden bei Zimmertemperatur auftauen lassen.

Von Hand

1 Hefe, alle Mehlsorten, Honig, Anis, Leinsamen, Salz und 350 ml kaltes Wasser in einer Schüssel kurz zu einem Teig verrühren. Dabei jedoch nicht kneten. Den Teig mit einem Deckel oder mit Frischhaltefolie abgedeckt etwa 30 Minuten gehen lassen.

2 Zum Teigfalten den Teigrand mit der feuchten Hand fassen und behutsam zur gegenüberliegenden Seite ziehen. So fortfahren, bis die Runde abgeschlossen ist (s. S. 15). Die Schüssel wieder abdecken und den Teig weitere 30 Minuten gehen lassen.

3 Den Teig nochmals wie in Schritt 2 beschrieben falten und abgedeckt etwa 1 Stunde gehen lassen.

4 Danach den Teig auf ein gut bemehltes Geschirrtuch geben und zu einem Laib falten (s. S. 15). Mit dem Schluss nach unten legen, das Geschirrtuch darüberschlagen und den Laib 45–60 Minuten gehen lassen.

5 Mindestens 30 Minuten vor dem Backen den Backofen auf 250 °C vorheizen. Ein Backblech mit Backpapier belegen.

6 Den Teig mit einem Teigschaber halbieren, sodass zwei längliche Laibe entstehen. Diese in etwas Mehl wenden und längs leicht auseinanderziehen. Die Laibe auf das Backblech legen und im Ofen (Mitte) etwa 25 Minuten backen. Falls die Brote zu dunkel werden, die Temperatur gegen Backzeitende reduzieren. Die Brote auf einem Gitter etwas abkühlen lassen, dann anschneiden.

Mit Rührmaschine

1 Alle Zutaten und 350 ml kaltes Wasser 10 Minuten (mittlere Stufe) verrühren. Den Teig abgedeckt etwa 1 Stunde gehen lassen.

2 Fortfahren wie in Schritt **4–6** beschrieben.

Das Kochen und Hacken der Pomeranzenschale macht zwar etwas Arbeit, aber die lohnt sich! Erledigen Sie diesen Arbeitsschritt sowie die Zubereitung des Brühstücks einfach schon am Vorabend – dann lassen Sie es über Nacht quellen. Etwas knifflig ist die Bearbeitung des weichen Teigs. Kneten Sie aber keinesfalls noch Mehl unter.

GOTLANDBROT

ERGIBT 1 BROT . 11 STUNDEN . ARBEITSAUFWAND 2 VON 5

Für das Brühstück:
7 g getrocknete Pomeranzenschale (Bitterorangenschale), geschnitten
1 EL Anissamen
1 TL Fenchelsamen
75 g Roggenmehl (Type 1150)

Für den Teig:
5 g frische Hefe
150 g milder Joghurt
100 g dunkler Zuckerrübensirup
15 g dunkler Muscovado- oder Farinzucker
12 g Salz
ca. 270 g Weizenmehl (Type 1050), plus mehr zum Arbeiten
ca. 180 g Roggenmehl (Type 1150)

Haltbarkeit und Lagerung

Das Brot bleibt durch das Brühstück bis zu 1 Woche saftig. Dabei in einem Geschirrtuch oder Frischhaltebeutel lagern. Lässt sich gut tiefkühlen, dann im Gefrierbeutel auftauen lassen.

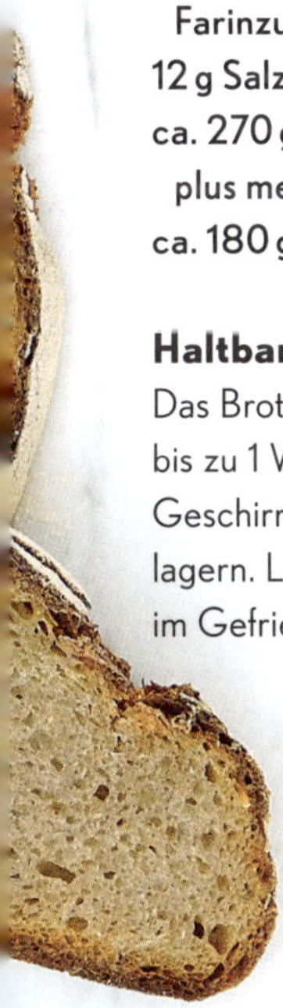

1 Für das Brühstück die Pomeranzenschale etwa 30 Minuten weich kochen. Die Schalen abgießen und abkühlen lassen. Danach die weiße Innenhaut ablösen und die Schalen fein hacken. Anis- und Fenchelsamen im Mörser zerstoßen (alternativ die Gewürze mit der Pomeranzenschale fein hacken). Pomeranzenschale, Gewürze und Roggenmehl in einer Schüssel mischen. Mit 150 ml kochend heißem Wasser verrühren und abgedeckt mindestens 2 Stunden oder über Nacht quellen lassen.

2 Für den Teig Brühstück, Hefe, Joghurt, Sirup, Zucker, Salz und 150 ml kaltes Wasser in einer Schüssel von Hand oder in der Rührmaschine zu einem lockeren Teig verrühren. Beide Mehlsorten kurz von Hand oder mit der Rührmaschine (kleine Stufe) untermischen. Der Teig sollte kompakt sein, sich aber mit einem Kochlöffel rühren lassen. Je nachdem, wie flüssig der Joghurt ist, eventuell etwas mehr oder weniger Mehl zugeben. Den Teig mit einem Deckel oder mit Frischhaltefolie abgedeckt bei Zimmertemperatur 6–8 Stunden gehen lassen.

3 Danach den Teig auf der großzügig bemehlten Arbeitsfläche rund wirken (s. S. 28), dabei jedoch kein Mehl unterkneten. Ein Backblech mit Backpapier belegen und den Teig mit dem Schluss nach oben daraufgeben. Mit einem Geschirrtuch abgedeckt etwa 1 Stunde gehen lassen, bis der Teig sein Volumen verdoppelt hat. Falls der Teig sehr weich ist, in einem Gärkorb gehen lassen (s. S. 236).

4 Mindestens 30 Minuten vor dem Backen den Backofen auf 250 °C vorheizen.

5 Das Blech in den Ofen (Mitte) schieben, die Temperatur auf 210 °C reduzieren und das Brot etwa 1 Stunde backen. Ist das Brot danach noch sehr hell, einige Minuten weiterbacken, bis die Kruste knusprig ist. Auf einem Gitter vollständig abkühlen lassen, dann anschneiden.

KARTOFFELBROT

ERGIBT 1 BROT . 10 STUNDEN . ARBEITSAUFWAND 2 VON 5

Sind noch Kartoffeln vom Vortag übrig? Fein zerdrückt bereichern eine oder zwei davon fast jeden Brotteig. Denn sie machen das Brot schön saftig und lange haltbar.

Für den Teig:
1 TL Anissamen
1 TL Fenchelsamen
100 g gekochte Salzkartoffeln (vom Vortag)
5 g frische Hefe
350 g Weizenmehl (Type 550), plus mehr zum Arbeiten
100 g Roggenmehl (Type 1370)
50 g dunkler Zuckerrübensirup
10 g Salz

Haltbarkeit und Lagerung
Das Brot hält sich in einem Frischhaltebeutel bis zu 1 Woche.

1 Anis und Fenchel im Mörser zerstoßen, die Kartoffeln in einer Schüssel fein zerdrücken. Gewürze, Kartoffeln, Hefe, beide Mehlsorten, Sirup, Salz und 300 ml kaltes Wasser kurz von Hand oder in der Rührmaschine zu einem Teig verrühren. Dabei jedoch nicht kneten. Den Teig mit einem Deckel oder mit Frischhaltefolie abgedeckt bei Zimmertemperatur etwa 8 Stunden gehen lassen.

2 Danach den Teig auf der bemehlten Arbeitsfläche rund wirken (siehe unten). Mit einem Geschirrhandtuch abgedeckt etwa 1 Stunde gehen lassen.

3 Gut 30 Minuten vor dem Backen den Backofen auf 250 °C vorheizen.

4 Das Backblech in den Ofen (Mitte) schieben, die Temperatur auf 210 °C reduzieren und das Brot etwa 40 Minuten backen. Auf einem Gitter abkühlen lassen.

TEIG RUND WIRKEN

1
Den Teig auf die bemehlte Arbeitsfläche geben.

2
Die Teigränder rundum zur Mitte ziehen, bis die Unterseite glatt und leicht gespannt ist.

3
Den Teig wenden und zwischen den Handflächen vorsichtig drehen. Dabei rund formen.

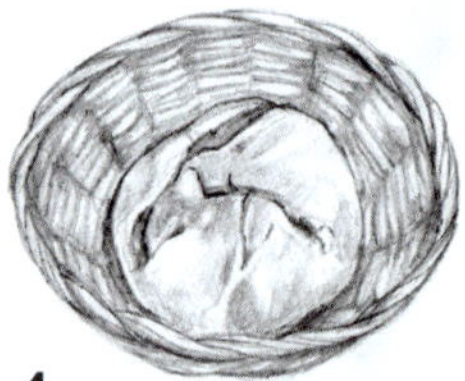

4
Mit dem Schluss nach unten auf einem mit Backpapier belegten Backblech oder mit dem Schluss nach oben in einem Gärkorb gehen lassen.

SIRUPBROT

ERGIBT 1 BROT . 12 STUNDEN . ARBEITSAUFWAND 1 VON 5

Während meiner Schulzeit habe ich immer die Kinder beneidet, die bei Schulausflügen Sirupbrotscheiben aus dem Supermarkt mit Salami dabeihatten. Die sahen so unverschämt lecker aus! Erst viel später ging mir auf, dass sie eher mich hätten beneiden sollen, da Mama mir immer ihr selbst gebackenes Brot einpackte. Das folgende Rezept kommt dem damaligen Objekt der Begierde äußerlich nahe, geschmacklich liegen aber Welten dazwischen. Lassen Sie die Kruste ruhig schön dunkel werden.

Für das Brühstück:
55 g Roggenmehl (Type 1150)

Für den Teig:
3 g frische Hefe
50 g dunkler Zuckerrübensirup
20 g Honig
135 g Weizenmehl (Type 1050)
90 g Roggenmehl (Type 1150)
225 g Weizenmehl (Type 550), plus mehr zum Arbeiten
10 g Salz
Butter, zerlassen, zum Bestreichen (nach Belieben)

Haltbarkeit und Lagerung
Das Brot hält sich in ein Geschirrtuch gewickelt 3–4 Tage, in einem Frischhaltebeutel etwas länger. Gut zum Tiefkühlen geeignet.

1 Für das Brühstück das Roggenmehl mit 125 ml kochend heißem Wasser in einer Schüssel verrühren. Abgedeckt mindestens 2 Stunden oder über Nacht quellen lassen.

2 Für den Teig Brühstück, Hefe, Sirup, Honig, alle Mehlsorten, Salz und 225 ml kaltes Wasser in einer Schüssel kurz von Hand oder in der Rührmaschine zu einem Teig verrühren. Dabei jedoch nicht kneten. Der Teig sollte klebrig sein, sich aber mit einem Kochlöffel gut rühren lassen. Bei Bedarf etwas mehr Mehl oder Wasser zugeben. Den Teig mit einem Deckel oder mit Frischhaltefolie abgedeckt bei Zimmertemperatur etwa 8 Stunden gehen lassen.

3 Danach den Teig auf der bemehlten Arbeitsfläche zu einem Laib formen. Dafür den Teig zuerst zu einem Quadrat (20 × 20 cm) auseinanderziehen und dann zu einem länglichen Laib aufrollen. Ein Backblech mit Backpapier belegen und den Laib mit dem Schluss nach unten daraufgeben. Mit einem Geschirrtuch abgedeckt 45–60 Minuten gehen lassen.

4 Mindestens 30 Minuten vor dem Backen den Backofen auf 250 °C vorheizen.

5 Das Backblech in den Ofen (Mitte) schieben, die Temperatur auf 210 °C reduzieren und das Brot etwa 40 Minuten backen. Herausnehmen, nach Belieben mit zerlassener Butter bestreichen und auf einem Gitter abkühlen lassen.

KAVRING

ERGIBT 1 KASTENBROT . 12 STUNDEN . ARBEITSAUFWAND 1 VON 5

Dieses würzige schwedische Roggenbrot verfeinere ich gerne mit Kaffee und Kümmel. Aber auch andere Gewürze wie Anis, Fenchel oder Pomeranzenschale passen gut zum Brot. Sie können das Rezept gerne verdoppeln. Bedenken Sie dabei jedoch, dass Sie dann eine 5-Liter-Schüssel brauchen.

Für das Brühstück:
75 g Roggenmehl (Type 1150)
1½ TL Kümmelsamen
200 g heißer Kaffee

Für den Teig:
5 g frische Hefe
200 g milder Joghurt
10 g Salz
100 g dunkler Zuckerrübensirup
240 g Weizenmehl (Type 1050)
160 g Roggenmehl (Type 1150)
Butter, zerlassen, zum Bestreichen

Außerdem:
Kastenform (1½ l Inhalt)
Butter für die Form

Haltbarkeit und Lagerung
Das Brot hält sich in einem Geschirrtuch 4–5 Tage, in einem Frischhaltebeutel etwas länger. Lässt sich gut tiefkühlen, dann im Gefrierbeutel auftauen lassen.

1 Für das Brühstück Roggenmehl und Kümmel in einer Schüssel mischen. Den heißen Kaffee unterrühren und alles abgedeckt mindestens 2 Stunden oder über Nacht quellen lassen.

2 Für den Teig Brühstück, Hefe, Joghurt, Salz und Sirup in einer Schüssel verrühren. Beide Mehlsorten kurz von Hand oder in der Rührmaschine untermischen. Dabei jedoch nicht kneten. Der Teig sollte klebrig sein, sich aber mit einem Kochlöffel gut rühren lassen. Den Teig mit einem Deckel oder mit Frischhaltefolie abgedeckt bei Zimmertemperatur etwa 8 Stunden gehen lassen.

3 Die Kastenform mit der Butter einfetten und den Teig mit feuchten Händen einfüllen. Die Hände nochmals anfeuchten und den Teig glatt streichen. Den Teig mit einem Geschirrtuch abgedeckt 45–60 Minuten gehen lassen, bis er sein Volumen um einige Zentimeter vergrößert hat.

4 Mindestens 30 Minuten vor dem Backen den Backofen auf 250 °C vorheizen. Dabei den Ofenrost (2. Schiene von unten) mit vorheizen.

5 Die Form auf den Rost stellen, die Temperatur auf 200 °C reduzieren und das Brot etwa 1 Stunde backen. (Nach Belieben das Brot 10 Minuten vor Backzeitende aus der Form lösen und rundum bräunen lassen.)

6 Das Brot aus dem Ofen nehmen und mit zerlassener Butter bestreichen. Das Brot gegebenenfalls noch aus der Form lösen und auf einem Gitter leicht abkühlen lassen, dann in ein Geschirrtuch wickeln.

FRÜCHTE-NUSS-BROT

ERGIBT 1 KASTENBROT . 10 STUNDEN . ARBEITSAUFWAND 1 VON 5

Anstelle von Rosinen, Feigen und Nüssen können Sie auch andere Trockenfrüchte aus Ihrem Vorratsschrank in den Teig geben. Das Roggenmehl lässt sich durch Dinkelvollkornmehl oder Grahammehl ersetzen, das Weizenmehl durch Dinkelmehl.

Für den Teig:
75 g getrocknete Feigen (ca. 4 Stück)
50 g Rosinen
50 g Walnusskerne
50 g Haselnusskerne
3 g frische Hefe
375 g Weizenmehl (Type 550)
75 g Roggenmehl (Type 1370), plus mehr zum Bestäuben
20 g dunkler Muscovado- oder Farinzucker
1 TL gemahlener Zimt
10 g Salz

Außerdem:
Kastenform (1 ½ l Inhalt)
Butter für die Form

Haltbarkeit und Lagerung
Am besten schmeckt das Brot 2–3 Tage nach dem Backen. Dabei mit der Schnittseite nach unten auf einem Schneidebrett stehend lagern. Zum Tiefkühlen in Scheiben schneiden und im Toaster wieder aufbacken.

1 Die Feigen grob hacken. Mit den Rosinen in eine Schüssel geben und mit heißem Wasser bedecken. Die Trockenfrüchte etwa 10 Minuten quellen lassen, dann abgießen.

2 Wal- und Haselnüsse in einer trockenen Pfanne bei mittlerer Hitze rösten, bis sie leicht bräunen. Abkühlen lassen.

3 Trockenfrüchte, Hefe, beide Mehlsorten, Zucker, Zimt, Salz und 350 ml kaltes Wasser in einer Schüssel kurz von Hand oder in der Rührmaschine zu einem Teig verrühren. Dabei jedoch nicht kneten. Die Nüsse untermischen. Den Teig mit einem Deckel oder mit Frischhaltefolie abgedeckt bei Zimmertemperatur etwa 8 Stunden gehen lassen.

4 Die Kastenform mit der Butter einfetten und den Teig hineingeben. Mit feuchten Händen glatt streichen und leicht mit Roggenmehl bestäuben. Den Teig mit einem Geschirrtuch abgedeckt etwa 1 Stunde gehen lassen, bis er sein Volumen um einige Zentimeter vergrößert hat.

5 Mindestens 30 Minuten vor dem Backen den Backofen auf 250 °C vorheizen. Dabei den Ofenrost (2. Schiene von unten) mit vorheizen.

6 Die Form auf den Rost stellen, die Temperatur auf 230 °C reduzieren und das Brot etwa 45 Minuten backen. (Nach Belieben das Brot 10 Minuten vor Backzeitende aus der Form lösen und rundum bräunen lassen.)

7 Das Brot aus dem Ofen nehmen, gegebenenfalls noch aus der Form lösen und auf einem Gitter abkühlen lassen.

Dieses schlichte Brot können Sie morgens vor der Arbeit rasch anrühren und dann abends nach der Arbeit backen. So haben Sie wie von Zauberhand ein leckeres, frisch gebackenes Brot zum Abendessen. Die geriebenen Äpfel machen das Brot herrlich saftig und verleihen ihm eine besonders schöne Kruste, doch schmecken kann man sie kaum. Sauerteigfans finden ein ähnliches Brot auf Seite 172.

APFELBROT MIT HASELNÜSSEN

ERGIBT 1 KASTENBROT . 10 STUNDEN . ARBEITSAUFWAND 1 VON 5

Für den Teig:
75 g Haselnusskerne
3 g frische Hefe
200 g Äpfel, mit Schale gerieben
25 g dunkler Muscovado- oder Farinzucker
120 g Weizenmehl (Type 1050)
80 g Roggenmehl (Type 1150)
200 g Weizenmehl (Type 550), plus mehr zum Bestäuben
10 g Salz

Außerdem:
Kastenform (1½ l Inhalt)
Butter für die Form

Haltbarkeit und Lagerung
Das Brot mit der Schnittseite nach unten auf einem Schneidebrett stehend lagern. So hält es sich problemlos einige Tage. Danach lässt es sich prima toasten, so schmeckt es fast noch besser!

1 Die Haselnüsse in einer trockenen Pfanne bei mittlerer Hitze rösten, bis sie leicht bräunen. Abkühlen lassen.

2 Nüsse, Hefe, Äpfel, Zucker, alle Mehlsorten, Salz und 200 ml kaltes Wasser in einer Schüssel kurz von Hand oder in der Rührmaschine zu einem Teig verrühren. Dabei jedoch nicht kneten. Den Teig mit einem Deckel oder mit Frischhaltefolie abgedeckt bei Zimmertemperatur etwa 8 Stunden gehen lassen.

3 Die Kastenform mit der Butter einfetten und den Teig hineingeben. Mit feuchten Händen glatt streichen und leicht mit Mehl bestäuben. Den Teig mit einem Geschirrtuch abgedeckt etwa 45 Minuten gehen lassen.

4 Mindestens 30 Minuten vor dem Backen den Backofen auf 250 °C vorheizen. Dabei den Ofenrost (2. Schiene von unten) mit vorheizen.

5 Die Teigoberfläche mehrmals mit einer Schere einschneiden. Die Form auf den Rost stellen, die Temperatur auf 200 °C reduzieren und das Brot etwa 55 Minuten backen. (Nach Belieben das Brot 10 Minuten vor Backzeitende aus der Form lösen und rundum bräunen lassen.)

6 Das Brot aus dem Ofen nehmen, gegebenenfalls noch aus der Form lösen und auf einem Gitter 1 Stunde abkühlen lassen. Dann anschneiden.

Dieses helle Brot versucht erst gar nicht, vollwertig zu sein. Wer möchte, kann einen Teil des Weizenmehls durch Roggen-, Graham- oder Dinkelvollkornmehl ersetzen. Auch 1 Esslöffel Leinsamen und/oder 40 g Sonnenblumenkerne können nicht schaden. Der Teig ist verhältnismäßig fest und bildet eine relativ kompakte Krume mit wenig Porung.

TOASTBROT

ERGIBT 1 KASTENBROT . 4 STUNDEN . ARBEITSAUFWAND 2 VON 5

Für den Teig:
5 g frische Hefe
350 g Weizenmehl (Type 550), plus mehr zum Arbeiten
6 g Salz

Zum Bestreichen:
1 Ei
1 Prise Salz

Außerdem:
Kastenform (1½ l Inhalt)
Butter für die Form
Sesamsaat zum Bestreuen

Haltbarkeit und Lagerung
Das Brot hält sich nicht besonders gut. Deshalb am besten sofort nach dem Abkühlen in Scheiben schneiden und in einem Gefrierbeutel tiefkühlen.

Von Hand
1 Für den Teig Hefe, Mehl, Salz und 250 ml kaltes Wasser in einer Schüssel kurz zu einem Teig verrühren. Dabei jedoch nicht kneten. Den Teig mit einem Deckel oder mit Frischhaltefolie abgedeckt etwa 30 Minuten gehen lassen.

2 Zum Teigfalten den Teigrand mit der feuchten Hand fassen und behutsam zur gegenüberliegenden Seite ziehen. So fortfahren, bis die Runde abgeschlossen ist (s. S. 15). Abgedeckt weitere 30 Minuten ruhen lassen.

3 Den Teig nochmals wie in Schritt 2 beschrieben falten und abgedeckt etwa 1 Stunde ruhen lassen.

4 Die Form mit der Butter einfetten. Den Teig auf der bemehlten Arbeitsfläche zu einem Quadrat (20 × 20 cm) formen und zu einem länglichen Laib aufrollen. Mit dem Schluss nach unten in die Form legen und mit einem Geschirrtuch abgedeckt 1 Stunde gehen lassen, bis der Laib sein Volumen verdoppelt hat.

5 Mindestens 30 Minuten vor dem Backen den Backofen auf 250 °C vorheizen. Dabei den Ofenrost (2. Schiene von unten) mit vorheizen.

6 Ei, Salz und 1 EL Wasser verrühren. Den Laib damit bestreichen und mit Sesam bestreuen. Die Form auf den Rost stellen, den Ofen auf 230 °C schalten und das Brot etwa 30 Minuten backen. Auf einem Gitter abkühlen lassen.

Mit Rührmaschine
1 Alle Zutaten und 250 ml Wasser 10 Minuten (mittlere Stufe) verrühren. Den Teig abgedeckt 1 Stunde gehen lassen.

2 Fortfahren wie in Schritt **4–6** beschrieben.

ROGGENBROT

ERGIBT 1 BROT . 10 STUNDEN . ARBEITSAUFWAND 2 VON 5

Voilà, das beste Roggenbrot ohne Sauerteig (auch mit Sauerteig wird es kaum besser). Wer möchte, kann es noch mit ein paar Teelöffeln Anis und Fenchel oder Kümmel würzen.

Für den Vorteig:
5 g frische Hefe
250 g Buttermilch oder Schwedenmilch
200 g Roggenmehl (Type 1150)

Für den Teig:
150 g Weizenmehl (Type 1050)
100 g Roggenmehl (Type 1150), plus mehr zum Arbeiten
50 g dunkler Zuckerrübensirup
10 g Salz

Haltbarkeit und Lagerung

Das Brot mit der Schnittseite nach unten auf einem Schneidebrett stehend lagern. So bleibt die Kruste schön knusprig. Für eine längere Haltbarkeit in einem Frischhaltebeutel aufbewahren.

1 Für den Vorteig Hefe, Buttermilch und Roggenmehl in einer Schüssel verrühren. Mit einem Deckel oder mit Frischhaltefolie abgedeckt bei Zimmertemperatur 6–8 Stunden ruhen lassen.

2 Für den Teig Vorteig, beide Mehlsorten, Sirup, Salz und 150 ml kaltes Wasser in einer Schüssel kurz von Hand oder in der Rührmaschine zu einem Teig verrühren. Dabei jedoch nicht kneten. Den Teig mit einem Deckel oder mit Frischhaltefolie abgedeckt 2 Stunden gehen lassen.

3 Danach den Teig auf der bemehlten Arbeitsfläche rund wirken (s. S. 28). Mit dem Schluss nach oben in einen bemehlten Gärkorb oder in ein mit einem bemehlten Geschirrtuch ausgelegtes Küchensieb legen. Mit einem Geschirrtuch abgedeckt nochmals etwa 1 Stunde gehen lassen.

4 Mindestens 30 Minuten vor dem Backen den Backofen auf 250 °C vorheizen. Ein Backblech mit Backpapier belegen.

5 Den Teig auf das Backblech stürzen. Die Temperatur auf 210 °C reduzieren und das Brot im Ofen (Mitte) etwa 55 Minuten backen.

6 Das Brot in ein Geschirrtuch wickeln und auf einem Gitter abkühlen lassen. Vor dem Anschneiden einige Stunden ruhen lassen.

Mein Tipp: Der Teig lässt sich auch gut in der Kastenform backen. Dann im auf 200 °C vorgeheizten Ofen etwa 1 Stunde backen.

MÖHRENBROT

ERGIBT 1 KASTENBROT . 10 STUNDEN . ARBEITSAUFWAND 1 VON 5

Der Teig für dieses Brot muss weich und klebrig, aber keinesfalls flüssig sein. Die Möhre verleiht dem Brot Pep, die Mischung aus Roggen- und Weizenmehl macht es schön saftig.

Für den Teig:
2 g frische Hefe
1 Möhre (100 g), fein geraspelt
50 g dunkler Zuckerrübensirup
50 g Sonnenblumenkerne
1 EL Leinsamen
240 g Weizenmehl (Type 1050), plus mehr zum Bestäuben
160 g Roggenmehl (Type 1150)
10 g Salz

Außerdem:
Kastenform (1 ½ l Inhalt)
Butter für die Form

Haltbarkeit und Lagerung
Das Brot hält sich problemlos bis zu 1 Woche. Dabei mit der Schnittseite nach unten auf einem Schneidebrett stehend lagern. Für eine längere Haltbarkeit in einem Frischhaltebeutel aufbewahren.

1 Hefe, Möhrenraspel, Sirup, Sonnenblumenkerne, Leinsamen, beide Mehlsorten, Salz und 300 ml kaltes Wasser in einer Schüssel kurz von Hand oder in der Rührmaschine zu einem Teig verrühren. Dabei jedoch nicht kneten. Den Teig mit einem Deckel oder mit Frischhaltefolie abgedeckt bei Zimmertemperatur etwa 8 Stunden gehen lassen.

2 Die Kastenform mit der Butter einfetten und den Teig mit feuchten Händen hineingeben. Die Hände nochmals anfeuchten und den Teig glatt streichen. Den Teig leicht mit Mehl bestäuben und mit einem Geschirrtuch abgedeckt 45–60 Minuten ruhen lassen, bis er sein Volumen um einige Zentimeter vergrößert hat.

3 Mindestens 30 Minuten vor dem Backen den Backofen auf 250 °C vorheizen. Dabei den Ofenrost (2. Schiene von unten) mit vorheizen.

4 Die Form auf den Rost stellen, die Temperatur auf 200 °C reduzieren und das Brot etwa 1 Stunde backen. (Nach Belieben das Brot 10 Minuten vor Backzeitende aus der Form lösen und rundum bräunen lassen.)

5 Das Brot gegebenenfalls noch aus der Form lösen, in ein Geschirrtuch wickeln und auf einem Gitter abkühlen lassen.

SCHWEDISCHES GEWÜRZBROT

ERGIBT 2 KLEINE BROTE . 13 STUNDEN . ARBEITSAUFWAND 3 VON 5

Das Malzextrakt gibt diesem Brot einen ganz besonderen Geschmack. Sie bekommen es in Reformhäusern oder Bioläden, vielleicht auch bei Ihrem Bäcker um die Ecke. Statt Schalenstreifen können Sie auch ½ Teelöffel gemahlene Pomeranzenschale verwenden.

Für das Brühstück:

7 g getrocknete Pomeranzenschale (Bitterorangenschale), geschnitten
1½ TL Kardamomsamen
100 g Roggenmehl (Type 1150)
½ TL gemahlener Ingwer
¼ TL gemahlene Gewürznelken

Für den Teig:

3 g frische Hefe
30 g flüssiges Malzextrakt (Bierwürze)
10 g Salz
100 g dunkler Zuckerrübensirup
240 g Weizenmehl (Type 1050), plus mehr zum Arbeiten
160 g Roggenmehl (Type 1150)
75 g Rosinen (nach Belieben)

Haltbarkeit und Lagerung

Das Brot mit der Schnittseite nach unten auf einem Schneidebrett stehend lagern. So hält es sich bis zu 1 Woche, in einem Frischhaltebeutel noch etwas länger.

1 Für das Brühstück die Pomeranzenschale etwa 30 Minuten weich kochen. Die Schalen abgießen und abkühlen lassen. Danach die weiße Innenhaut ablösen und die Schalen fein hacken.

2 Den Kardamom im Mörser zerstoßen. Kardamom, Roggenmehl, Ingwer, Gewürznelken und Pomeranzenschale in einer Schüssel mischen. Mit 250 ml kochend heißem Wasser verrühren und abgedeckt mindestens 2 Stunden oder über Nacht quellen lassen.

3 Für den Teig Brühstück, Hefe, Malzextrakt, Salz, Sirup, beide Mehlsorten und nach Belieben Rosinen in einer Schüssel von Hand oder in der Rührmaschine verrühren. Dabei 75–100 ml kaltes Wasser kurz unterrühren, bis ein klebriger, aber keinesfalls weicher Teig entsteht. Den Teig mit einem Deckel oder mit Frischhaltefolie abgedeckt bei Zimmertemperatur etwa 8 Stunden gehen lassen.

4 Danach den Teig auf der bemehlten Arbeitsfläche halbieren und die Hälften zu zwei länglichen Laiben formen. Dabei jedoch kein Mehl unterkneten. Ein Backblech mit Backpapier belegen und die Laibe daraufsetzen. Alternativ den Teig in zwei bemehlte Gärkörbe oder in zwei gefettete Kastenformen (à 1½ l Inhalt) geben.

5 Die Laibe 1–2 Stunden gehen lassen, bis sie ihr Volumen auf das Anderthalbfache vergrößert haben.

6 Mindestens 30 Minuten vor dem Backen den Backofen auf 250 °C vorheizen.

7 Die Temperatur auf 200 °C reduzieren und die Brote im Ofen (Mitte) etwa 50 Minuten backen. Herausnehmen, in ein Geschirrtuch wickeln und auf einem Gitter abkühlen lassen.

PREISELBEERBROT

ERGIBT 1 BROT . 12 STUNDEN . ARBEITSAUFWAND 2 VON 5

Preiselbeeren geben diesem Brot eine schöne Farbe und Saftigkeit. Beim Backen lösen sie sich scheinbar in Luft auf, aber sie sind schon noch da! Bei der Zubereitung lässt Ihnen das Rezept viel Spielraum: Entweder Sie lassen das Brühstück 1–2 Stunden quellen und rühren dann den Teig an, oder Sie bereiten das Brühstück am Vorabend zu, lassen es über Nacht quellen und machen den Teig erst am nächsten Morgen. Es ist leider schwierig, genau anzugeben, wie viel Wasser das Brühstück binden wird. Damit in Schritt 2 ein klebriger, aber nicht zu weicher Teig entsteht, müssen Sie die Mehl- und Wassermenge daher eventuell anpassen.

Für das Brühstück:
30 g Roggenbackschrot (Type 1800)
15 g Weizenkleie
1 EL Leinsamen
120 g Preiselbeeren (aus dem Glas)
25 g Rosinen
10 g Salz
1 TL Kümmelsamen

Für den Teig:
5 g frische Hefe
120 g Weizenmehl (Type 1050)
80 g Roggenmehl (Type 1150)
200 g Weizenmehl (Type 550), plus mehr zum Arbeiten

Haltbarkeit und Lagerung

Das Brot mit der Schnittseite nach unten auf einem Schneidebrett stehend lagern. So hält es sich 3–4 Tage, in einem Frischhaltebeutel noch etwas länger. Das Brot lässt sich auch gut toasten.

1 Für das Brühstück Roggenschrot, Weizenkleie, Leinsamen, Preiselbeeren, Rosinen, Salz, Kümmel und 150 ml kochend heißes Wasser in einer Schüssel verrühren. Das Brühstück mit einem Deckel oder mit Frischhaltefolie abgedeckt quellen lassen.

2 Für den Teig Brühstück, Hefe, alle Mehlsorten und 200 ml kaltes Wasser in einer Schüssel kurz von Hand oder in der Rührmaschine zu einem Teig verrühren. Dabei jedoch nicht kneten. Den Teig mit einem Deckel oder mit Frischhaltefolie abgedeckt bei Zimmertemperatur etwa 8 Stunden gehen lassen.

3 Danach den Teig auf der bemehlten Arbeitsfläche rund wirken (s. S. 28). Der klebrige Teig klebt leicht an der Arbeitsfläche, deshalb bei Bedarf mit einem Teigschaber arbeiten. Ein Backblech mit Backpapier belegen. Den Laib darauflegen oder alternativ in einen Gärkorb geben. Mit einem Geschirrtuch abgedeckt 45–60 Minuten gehen lassen, bis er sein Volumen verdoppelt hat.

4 Den Backofen mindestens 30 Minuten vor dem Backen auf 250 °C vorheizen.

5 Die Temperatur auf 200 °C reduzieren und das Brot im Ofen (Mitte) etwa 50 Minuten backen, bis es eine knusprige, dunkle Kruste hat. Auf einem Gitter abkühlen lassen.

KÜRBIS-SONNENBLUMEN-BROT

ERGIBT 2 KLEINE BROTE . 10 STUNDEN . ARBEITSAUFWAND 2 VON 5

Die Kerne tummeln sich bei diesem Brot nicht nur auf der Kruste, sondern auch in der Krume. Für den Teig werden sie zuvor geröstet, die Kerne auf der Kruste bekommen ihre Farbe beim Backen. Das Rösten intensiviert den Geschmack der Kerne noch.

Für den Teig:
30 g Kürbiskerne
25 g Sonnenblumenkerne
3 g frische Hefe
400 g Weizenmehl (Type 550)
50 g Grahammehl oder Dinkelvollkornmehl
20 g Honig
10 g Salz

Außerdem:
140–200 g Kürbiskerne
2 Kastenformen (à 1½ l Inhalt)

Haltbarkeit und Lagerung
Das Brot mit der Schnittseite auf einem Schneidebrett stehend lagern. So hält es sich problemlos 2–3 Tage. Zum Tiefkühlen in Scheiben schneiden und im Toaster wieder aufbacken.

1 Für den Teig Kürbis- und Sonnenblumenkerne in einer trockenen Pfanne bei mittlerer Hitze rösten, bis sie leicht bräunen und die Kürbiskerne springen. Herausnehmen und mit einem Pürierstab grob zerkleinern oder von Hand hacken.

2 Kerne, Hefe, beide Mehlsorten, Honig, Salz und 350 ml kaltes Wasser in einer Schüssel kurz von Hand oder in der Rührmaschine zu einem klebrigen Teig verrühren. Dabei jedoch nicht kneten. Den Teig mit einem Deckel oder mit Frischhaltefolie abgedeckt bei Zimmertemperatur etwa 8 Stunden gehen lassen.

3 Die Arbeitsfläche großzügig mit den Kürbiskernen bestreuen. Den Teig halbieren und eine Hälfte mit einem Teigschaber oder Teigspatel auf die Kerne geben. Den Teig in den Kernen wenden, bis er rundum bedeckt ist, und in eine ungefettete Kastenform oder einen leicht bemehlten Gärkorb legen. Mit dem restlichen Teig wiederholen. Die Laibe mit einem Geschirrtuch abgedeckt 45–60 Minuten gehen lassen.

4 Den Backofen mindestens 30 Minuten vor dem Backen auf 250 °C vorheizen. Ein Backblech mit Backpapier belegen.

5 Die Laibe auf das Backblech stürzen und in den Ofen (Mitte) schieben. Die Temperatur auf 230 °C reduzieren und die Brote 30–35 Minuten backen. Dabei darauf achten, dass die Kürbiskerne nicht anbrennen. Auf einem Gitter abkühlen lassen.

PUMPERNICKEL

ERGIBT 1 BROT . 6 STUNDEN . ARBEITSAUFWAND 2 VON 5

Für dieses Brot brauchen Sie eine Toastbrotform mit Deckel, denn nur darin wird es schön kompakt. Alternativ können Sie auch eine Kastenform verwenden und diese mit einem Backblech abdecken (dabei den Teig mit Backpapier abdecken, damit er nicht am Blech anbackt). Vermutlich werden Sie beim Servieren dieses Brots regelmäßig die Bemerkung zu hören bekommen, dass dies doch gar kein echter Pumpernickel sei, da der doch viel dunkler ist und deutlich länger backen muss. »Ich weiß, du Schlaumeier«, antworten Sie dann und nehmen sich noch eine zweite Scheibe.

Für das Brühstück:
100 g Roggenbackschrot (Type 1800)
50 g Sonnenblumenkerne
200 ml heißer Kaffee

Für den Teig:
12 g frische Hefe
245 g Roggenmehl (Type 1150), plus mehr zum Bestäuben
105 g Weizenmehl (Type 1050)
50 g dunkler Zuckerrübensirup
10 g Salz

Außerdem:
Toastbrotform mit Deckel oder Kastenform (1½ l Inhalt)
Butter für die Form

Haltbarkeit und Lagerung
Das Brot hält sich in Frischhaltefolie gewickelt oder in einem Frischhaltebeutel bis zu 1 Woche. Zum Servieren in möglichst dünne Scheiben schneiden.

1 Für das Brühstück Roggenschrot und Sonnenblumenkerne in einer Schüssel mit dem Kaffee übergießen. Mit einem Deckel oder mit Frischhaltefolie abgedeckt etwa 2 Stunden oder über Nacht quellen lassen.

2 Für den Teig Hefe, beide Mehlsorten, Sirup, Salz und 175 ml kaltes Wasser kurz von Hand oder mit der Rührmaschine unter das Brühstück rühren. Dabei jedoch nicht kneten. Den Teig abgedeckt 1–2 Stunden gehen lassen.

3 Die Toastbrotform mit der Butter einfetten und den Teig hineingeben. Dabei die Form nur zu zwei Dritteln füllen. Den Teig leicht mit Mehl bestäuben und mit einem Geschirrtuch abgedeckt etwa 30 Minuten bis zum Formrand aufgehen lassen. Inzwischen den Backofen auf 200 °C vorheizen.

4 Das Brot im Ofen (unten) etwa 80 Minuten backen. (Nach Belieben das Brot 10 Minuten vor Backzeitende aus der Form lösen und rundum bräunen lassen.)

5 Das Brot gegebenenfalls noch aus der Form lösen und auf einem Gitter abkühlen lassen, dann in Frischhaltefolie wickeln. Vor dem Anschneiden einige Stunden ruhen lassen.

APROPOS ...

KNETEN

Als Backanfänger nahm ich das Kneten sehr ernst! Ich kaufte die leistungsstärkste Rührmaschine, die es auf dem Markt gab, und knetete den Teig 10, 15, manchmal sogar über 20 Minuten. Ich hatte nämlich gelesen, dass eben hier der entscheidende Unterschied zwischen Brot vom Bäcker und dem aus dem heimischen Ofen lag. Proteinreiches Mehl und langes Kneten – das war das Geheimnis. Durch das intensive Kneten verbindet sich das Gluten im Teig und gibt ihm Spannung. Das wiederum macht das Brot luftig, lässt es aufgehen und saftig werden.

Inzwischen knete ich meine Teige fast gar nicht mehr, denn Gluten hat die fantastische Eigenschaft, sich auch ganz von allein zu entwickeln – wenn es nur ausreichend Zeit dazu bekommt. Zwar besitze ich eine Rührmaschine, doch verwende ich sie nur selten – es gibt einfachere Methoden. In diesem Buch stelle ich zwei Techniken vor: Am einfachsten ist es, den Teig sehr lange gehen zu lassen (zum Beispiel Baguettes mit Übernachtgare, s. S. 59, oder Martins Sauerteigbrot ohne Kneten, s. S. 162). Die zweite Methode nenne ich »falten und ruhen«. Hier wird der Teig während des Gehens mehrmals gefaltet (s. S. 15), um ihm beim Aufbau seines Glutengerüsts zu helfen.

BAGUET

BRÖT

TES

CHEN

BAGUETTES

Das Formen meiner Baguettes ist sehr einfach: Zuerst falte ich den Teig zu einem Paket und lasse ihn eine Weile gehen. Dann teile ich das Paket in längliche Stücke und schiebe sie in den Ofen.

TEIG ZU EINEM PAKET FALTEN

1
Den Teig auf der bemehlten Arbeitsfläche zu einem Quadrat auseinanderziehen.

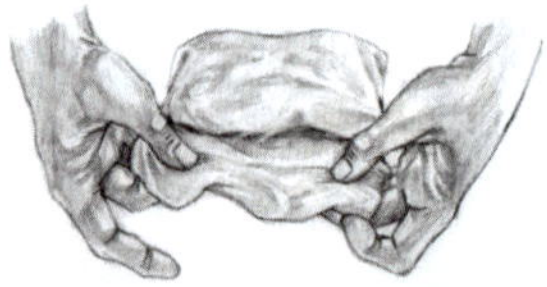

2
Den oberen und unteren Teigrand zur Mitte falten. Dann die Seiten zur Mitte falten.

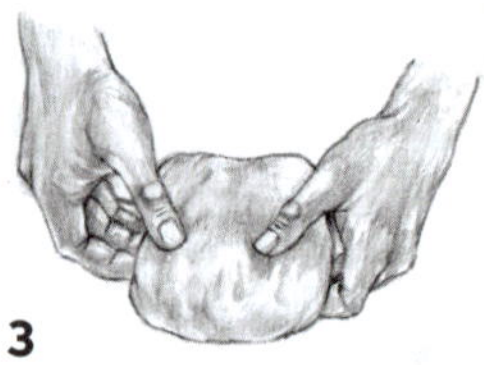

3
Den Teig mit dem Schluss nach unten legen, leicht mit Mehl bestäuben und mit einem Geschirrtuch abdecken.

BAGUETTES FORMEN

1
Den Teig leicht mit Mehl bestäuben und mit einem Teigschaber in Drittel teilen.

2
Ein Teigdrittel etwas in die Länge ziehen und einmal spiralförmig verdrehen.

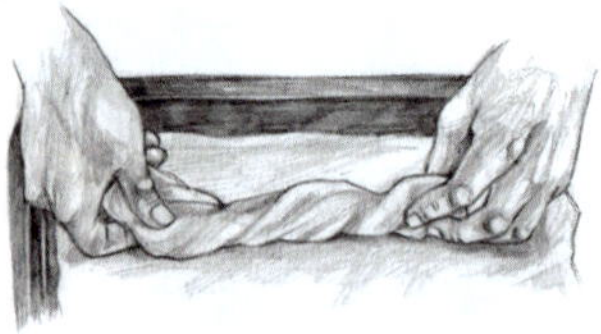

3
Das Baguette auf ein mit Backpapier belegtes Backblech legen. Mit den restlichen Dritteln wiederholen.

BAGUETTES MIT ÜBERNACHTGARE

ERGIBT 3 BAGUETTES . 10 STUNDEN . ARBEITSAUFWAND 1 VON 5

Zum Einstieg ein Grundrezept, das sich unendlich variieren lässt: Ersetzen Sie beispielsweise 100–200 g Weizenmehl durch ein Vollkornmehl Ihrer Wahl. Oder wälzen Sie die Baguettes in Saaten wie Sesam, Sonnenblumenkerne oder Mohn, bevor Sie sie in den Ofen schieben. Und natürlich muss der Teig nicht über Nacht gehen, sondern kann auch am Morgen angerührt und am Abend gebacken werden.

Für den Teig:
3 g frische Hefe
450 g Weizenmehl (Type 550), plus mehr zum Arbeiten
10 g Salz

Haltbarkeit und Lagerung
Die Baguettes schmecken ofenfrisch am besten, können jedoch auch einige Tage in einem Frischhaltebeutel aufbewahrt oder tiefgekühlt werden. Dann vor dem Servieren einige Minuten im auf 250 °C vorgeheizten Ofen aufbacken. Zum Auftauen in den 150 °C heißen Ofen schieben.

1 Hefe, Mehl, Salz und 350 ml kaltes Wasser in einer Schüssel kurz von Hand oder in der Rührmaschine zu einem Teig verrühren. Dabei jedoch nicht kneten. Den Teig mit einem Deckel oder mit Frischhaltefolie abgedeckt bei Zimmertemperatur etwa 8 Stunden gehen lassen.

2 Danach den Teig auf der bemehlten Arbeitsfläche zu einem Paket falten (s. S. 56). Mit dem Schluss nach unten legen, mit einem Geschirrtuch abdecken und nochmals 40–60 Minuten gehen lassen.

3 Mindestens 30 Minuten vor dem Backen den Backofen auf 250 °C vorheizen. Ein Backblech mit Backpapier belegen.

4 Den Teig in Drittel teilen (s. S. 56). Jedes Drittel etwas in die Länge ziehen und einmal spiralförmig verdrehen. Die Baguettes auf das Backblech legen und im Ofen (Mitte) 15–20 Minuten goldbraun backen. Aus dem Ofen nehmen und die Familie aufwecken.

Mein Tipp: Backen Sie die Baguettes einmal probeweise bei 275 °C. Bei dieser Temperatur bekommen sie noch mehr Charakter.

Diese Baguettes gelingen am besten, wenn der Teig fluffig aufgegangen ist. Die Nüsse werden erst ganz zuletzt untergemischt, da das Mehl sonst an ihnen haften bleibt. Geben Sie den Broten unbedingt genug Zeit im Ofen, damit sie knusprig braun werden.

WALNUSSBAGUETTES

ERGIBT 3 BAGUETTES . 4 STUNDEN . ARBEITSAUFWAND 2 VON 5

Für den Teig:
¼ Würfel frische Hefe (10 g)
375 g Weizenmehl (Type 550), plus mehr zum Arbeiten
75 g Roggenmehl (Type 1370)
20 g Honig
12 g Salz
150 g Walnusskerne

Haltbarkeit und Lagerung
Die Baguettes schmecken ofenfrisch am besten. In ein Geschirrtuch gewickelt halten sie sich jedoch 2–3 Tage. Alternativ die Baguettes tiefkühlen und im auf 150 °C vorgeheizten Ofen wieder auftauen.

Von Hand
1 Hefe, beide Mehlsorten, Honig, Salz und 350 ml kaltes Wasser in einer Schüssel kurz zu einem Teig verrühren. Dabei jedoch nicht kneten. Die Walnusskerne untermischen. Den Teig mit einem Deckel oder mit Frischhaltefolie abgedeckt 30–45 Minuten gehen lassen.

2 Zum Teigfalten den Teigrand mit der feuchten Hand fassen und behutsam zur gegenüberliegenden Seite ziehen. So fortfahren, bis die Runde abgeschlossen ist (s. S. 15). Die Schüssel wieder abdecken und den Teig weitere 30–45 Minuten gehen lassen.

3 Den Teig nochmals wie in Schritt 2 beschrieben falten und abgedeckt etwa 1 Stunde gehen lassen.

4 Danach den Teig auf der bemehlten Arbeitsfläche zu einem Paket falten (s. S. 56). Mit dem Schluss nach unten legen, leicht mit Mehl bestäuben und mit einem Geschirrtuch abgedeckt 45–60 Minuten gehen lassen.

5 Mindestens 30 Minuten vor dem Backen den Backofen auf 275 °C vorheizen. Ein Backblech mit Backpapier belegen.

6 Den Teig in Drittel teilen (s. S. 56). Jedes Drittel etwas in die Länge ziehen und spiralförmig verdrehen. Die Baguettes auf das Backblech legen. Federt der Teig bei Fingerdruck sofort zurück, noch kurz gehen lassen.

7 Die Baguettes leicht auseinanderziehen und im Ofen (Mitte) 20–25 Minuten backen. Nach Belieben wenden und auch die Unterseite 5 Minuten knusprig braun backen. Auf einem Gitter abkühlen lassen.

Mit Rührmaschine
1 Alle Zutaten (bis auf die Walnüsse) und 350 ml kaltes Wasser kurz (mittlere Stufe) verrühren. Die Walnüsse zugeben und 10 Minuten weiterrühren. Den Teig abgedeckt etwa 1½ Stunden ruhen lassen.

2 Fortfahren wie in Schritt **4–7** beschrieben.

ROGGENBAGUETTES

ERGIBT 3 BAGUETTES . 10 STUNDEN . ARBEITSAUFWAND 1 VON 5

Das Roggenmehl gibt den Baguettes einen kräftigen Roggengeschmack, macht den Teig aber leider auch sehr klebrig. Bemehlen Sie die Arbeitsfläche daher großzügig.

Für den Teig:
3 g frische Hefe
180 g Weizenmehl (Type 1050)
240 g Roggenmehl (Type 1150), plus mehr zum Arbeiten
10 g Salz

Haltbarkeit und Lagerung
Die Baguettes schmecken ofenfrisch am besten. In ein Geschirrtuch gewickelt halten sie sich einige Tage.

1 Hefe, beide Mehlsorten, Salz und 350 ml kaltes Wasser in einer Schüssel kurz von Hand oder in der Rührmaschine zu einem Teig verrühren. Dabei jedoch nicht kneten. Den Teig mit einem Deckel oder mit Frischhaltefolie abgedeckt bei Zimmertemperatur 8–10 Stunden gehen lassen.

2 Den Teig auf der bemehlten Arbeitsfläche zu einem Paket falten (s. S. 56). Mit dem Schluss nach unten legen, leicht mit Mehl bestäuben und mit einem Geschirrtuch abgedeckt 45–60 Minuten gehen lassen.

3 Mindestens 30 Minuten vor dem Backen den Backofen auf 275 °C vorheizen. Ein Backblech mit Backpapier belegen.

4 Den Teig mit dem Griff eines Teigschabers in Drittel teilen (s. S. 56). Dabei wird der Teig zusammengedrückt, sodass die Baguettes schön rund werden. Den Teig behutsam zu Stangen rollen und auf das Backblech legen. Jede Stange mehrmals einschneiden. Die Baguettes im Ofen (Mitte) etwa 20 Minuten knusprig braun backen. Herausnehmen und auf einem Gitter abkühlen lassen.

FEIGEN-HASELNUSS-BAGUETTES

ERGIBT 5 KLEINE BAGUETTES . 10 STUNDEN . ARBEITSAUFWAND 1 VON 5

Diese Baguettes sollten eigentlich Weihnachtsbaguettes heißen. Aber meine Nachbarin hat sie zum besten Brot der Welt gekürt, und so entschieden wir uns für diesen neutralen Namen. Die Brote schmecken auch ohne Malzextrakt wunderbar.

Für den Teig:

100 g getrocknete Feigen (ca. 6 Stück)
3 g frische Hefe
270 g Weizenmehl (Type 1050)
180 g Roggenmehl (Type 1150), plus mehr zum Arbeiten
15 g flüssiges Malzextrakt (Bierwürze)
50 g dunkler Zuckerrübensirup
10 g Salz
1½ TL Kardamomsamen
100 g Haselnusskerne

Haltbarkeit und Lagerung

Die Baguettes halten sich in ein Geschirrtuch gewickelt 2–3 Tage.

1 Die Feigen grob hacken. Feigen, Hefe, beide Mehlsorten, Malzextrakt, Sirup, Salz, Kardamom, Haselnüsse und 350 ml kaltes Wasser in einer Schüssel kurz von Hand oder in der Rührmaschine zu einem Teig verrühren. Dabei jedoch nicht kneten. Mit einem Deckel oder mit Frischhaltefolie abgedeckt bei Zimmertemperatur etwa 8 Stunden gehen lassen.

2 Den Teig auf der bemehlten Arbeitsfläche zu einem Paket falten (s. S. 56). Mit dem Schluss nach unten legen, mit einem Geschirrtuch abdecken und 45–60 Minuten gehen lassen.

3 Mindestens 30 Minuten vor dem Backen den Backofen auf 275 °C vorheizen. Ein Backblech mit Backpapier belegen.

4 Den Teig in fünf längliche Stücke teilen. Jedes Stück auf der bemehlten Arbeitsfläche zu einer 25 cm langen Stange rollen. Die Stangen auf das Backblech legen und mehrmals einschneiden. Im Ofen (Mitte) 15–20 Minuten knusprig braun backen. Auf einem Gitter abkühlen lassen.

Mein Tipp: Weichen Sie sehr trockene Feigen vor dem Hacken 10 Minuten in heißem Wasser ein.

KALT GEFÜHRTE SAUERTEIGBAGUETTES

Zugegeben, diese Baguettes machen etwas mehr Arbeit! Dafür aber werden Sie mit umwerfend leckeren und hübsch geformten Baguettes belohnt. Wichtig ist bei diesem Rezept nur, dass der Teig kalt geführt wird, also langsam im Kühlschrank aufgehen kann. Mehr über Sauerteig erfahren Sie auf den Seiten 154–161.

KALT GEFÜHRTE SAUERTEIGBAGUETTES

ERGIBT 5 BAGUETTES . 20 STUNDEN . ARBEITSAUFWAND 4 VON 5

Für den Sauerteig:
25 g Weizensaueransatz (s. S. 157)
100 g Weizenmehl (Type 550)

Für den Teig:
750 g Weizenmehl (Type 550), plus mehr zum Arbeiten
15–20 g Salz

Haltbarkeit und Lagerung
Die Baguettes schmecken ofenfrisch am besten, können jedoch auch einige Tage in einem Frischhaltebeutel aufbewahrt werden. Dann vor dem Servieren im auf 250 °C vorgeheizten Ofen wieder knusprig aufbacken.

1 Für den Sauerteig Saueransatz, Mehl und 100 ml Wasser in einer Rührschüssel verrühren. Mit einem Deckel oder mit Frischhaltefolie abgedeckt bei Zimmertemperatur 6–10 Stunden ruhen lassen, bis der Sauerteig Blasen bildet. Vom Sauerteig 25 g (2 EL) abnehmen, in ein Schraubglas füllen und im Kühlschrank für den nächsten Backtag aufbewahren.

2 Für den Teig restlichen Sauerteig, Mehl, Salz und 500 ml Wasser in einer Schüssel von Hand oder 5 Minuten in der Rührmaschine (kleine Stufe) zu einem Teig verrühren. Mit einem Deckel oder mit Frischhaltefolie abgedeckt 1 Stunde ruhen lassen.

3 Zum Teigfalten den Teigrand mit der feuchten Hand fassen und behutsam zur gegenüberliegenden Seite ziehen. So fortfahren, bis die Runde abgeschlossen ist (s. S. 15). Den Teig abgedeckt 1 Stunde ruhen lassen.

4 Den Teig auf der bemehlten Arbeitsfläche in fünf Stücke teilen.

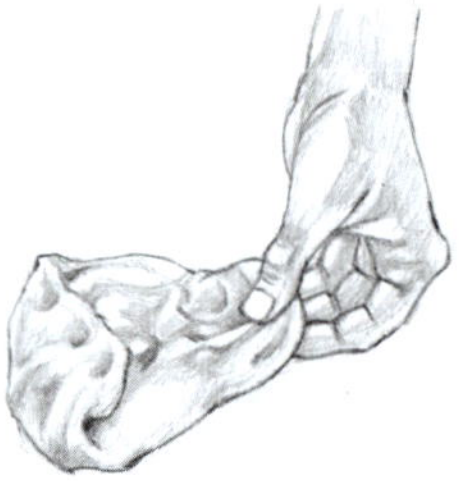

5
Jedes Stück zu einem Paket falten. Dafür zuerst die Seiten zur Mitte falten, ...

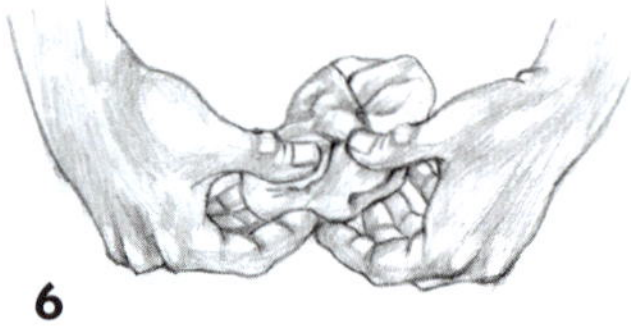

6
... dann den Teig von oben aufrollen.

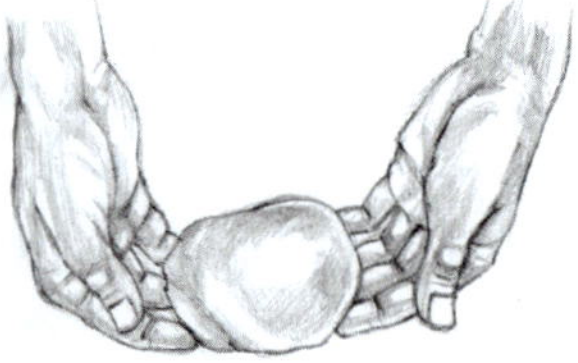

7
Die Kugeln auf die Arbeitsfläche legen. Mit einem Geschirrtuch abgedeckt etwa 20 Minuten gehen lassen.

8
Jede Kugel mit der glatten Seite nach unten legen und mit der Hand leicht auseinanderdrücken.

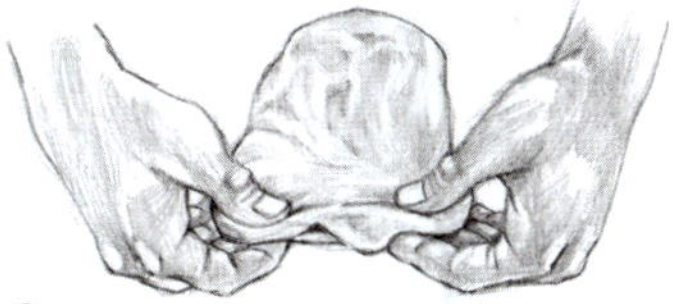

9
Den oberen Rand zur Mitte falten …

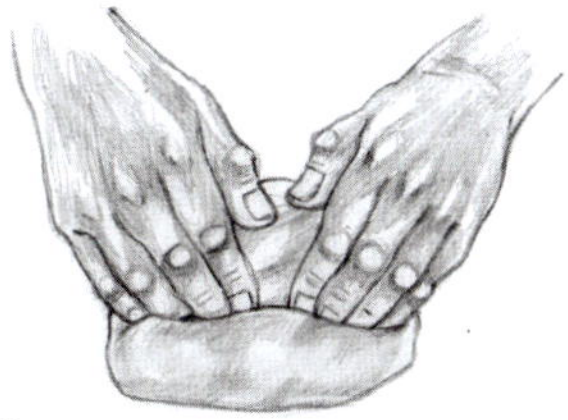

10
… und festdrücken.

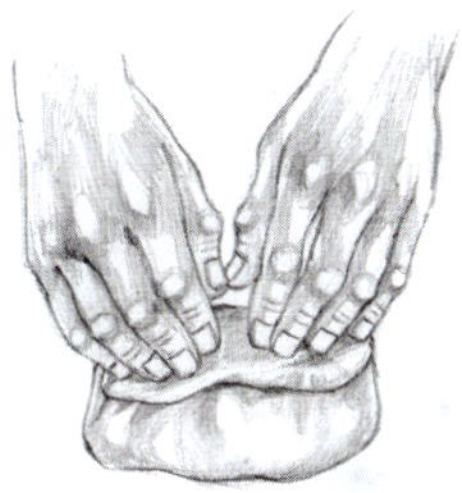

11
Mit dem unteren Rand wiederholen, sodass sich die Ränder in der Mitte überlappen. Mit den Fingern andrücken.

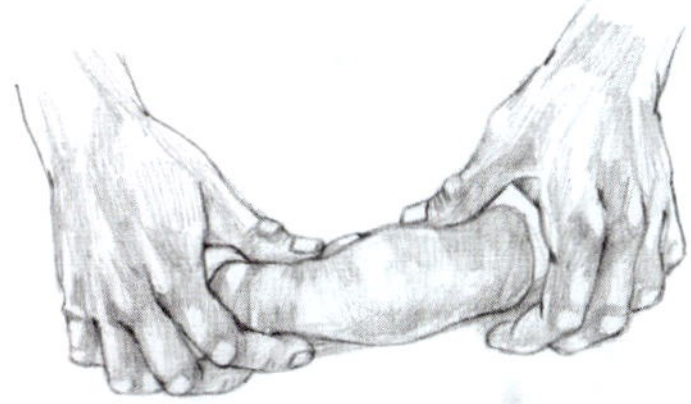

12
Den Teig falten, sodass obere und untere Kante aufeinanderliegen. Die Kanten mit den Daumen zusammendrücken, bis eine glatte Rolle entsteht.

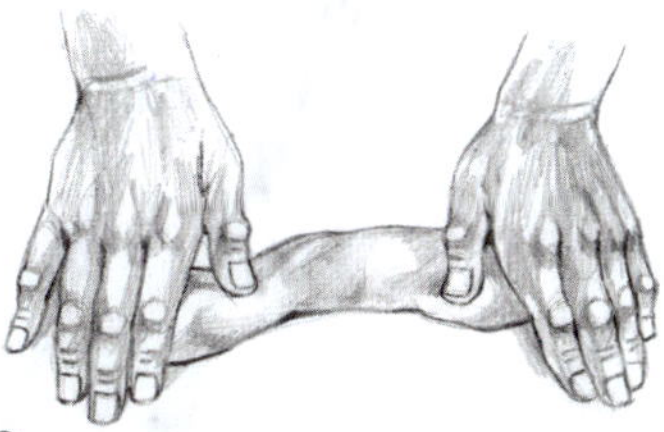

13
Den Teig zu einem Baguette rollen und die Enden spitz formen.

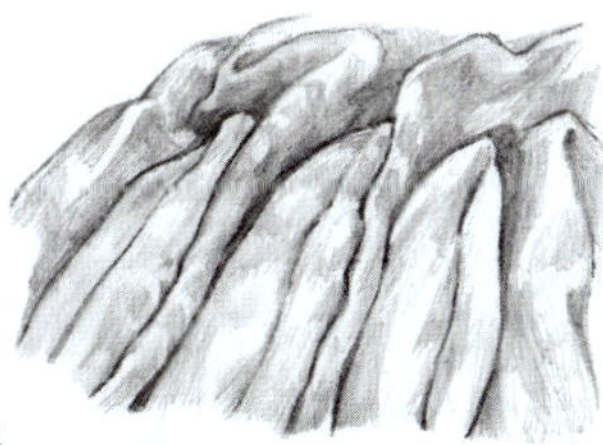

14
Mit dem Schluss nach oben auf ein gut bemehltes Geschirrtuch legen. Das Tuch zwischen den Baguettes hochziehen, damit sie getrennt liegen.

15 Mit einem zweiten Geschirrtuch abdecken. Die Baguettes zuerst bei Zimmertemperatur 1–2 Stunden, dann im Kühlschrank 10–12 Stunden gehen lassen.

16 Mindestens 30 Minuten vor dem Backen den Backofen auf 250 °C vorheizen. Ein Backblech mit Backpapier belegen.

17 Die Baguettes auf das Backblech legen, mehrmals schräg einschneiden und im Ofen (Mitte) 20–25 Minuten goldbraun backen. Auf einem Gitter abkühlen lassen.

APROPOS ...

WEICHER TEIG

Wer die traditionelle Vorgehensweise beim Brotbacken kennt, wird sich bei meinen Rezepten vielleicht wundern. Meine Teige sind oftmals so weich und klebrig, dass man sie unmöglich von Hand kneten kann – wie Sie es vielleicht gewohnt sind. Die Lösung: Lassen Sie es einfach bleiben. Legen Sie den Teig stattdessen auf die großzügig bemehlte Arbeitsfläche und fassen Sie ihn nur am unteren, bemehlten Rand. Auf diese Weise lässt sich auch der klebrigste Teig bearbeiten.

Wenn Sie einen klebrigen Teig halbieren möchten, bestäuben Sie ihn nur dort, wo er geteilt werden soll, mit etwas Mehl. Außerdem empfiehlt es sich, bei solchem Teig stets einen Teigschaber zur Hand zu haben. Damit lässt sich der Teig bewegen, ohne dass er an den Fingern festklebt.

Weiche Teige haben viele Vorteile: Sie sind leichter anzurühren, ergeben oft saftigere Brote und haben eine großporige Krume mit vielen Löchern. Und gerade diese Löcher schmecken so gut! Übertreiben müssen Sie es aber dennoch nicht: Ist ein Teig zu flüssig, arbeiten Sie noch etwas Mehl ein.

BRÖTCHEN

Wie Baguettes lassen sich auch Brötchen sehr leicht formen: Man faltet den Teig zuerst zu einem Paket, dann teilt man ihn in Streifen und zuletzt in Stücke. Dann müssen die Brötchen nur noch schön fluffig aufgehen.

TEIG ZU EINEM PAKET FALTEN

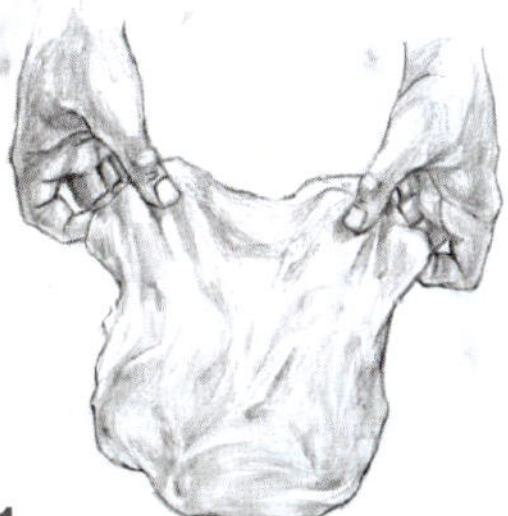

1
Den Teig auf der bemehlten Arbeitsfläche zu einem Quadrat auseinanderziehen.

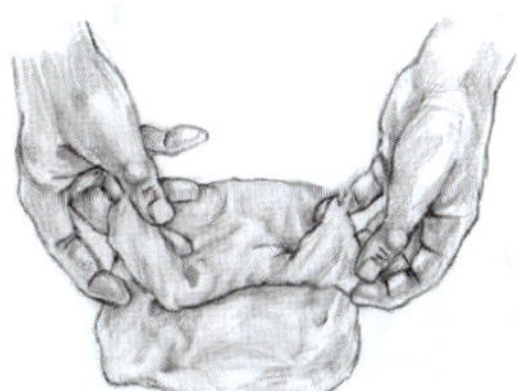

2
Den oberen und unteren Teigrand zur Mitte falten.

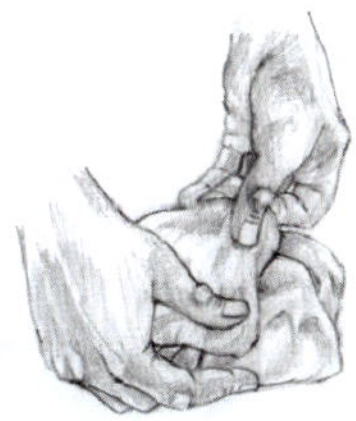

3
Ebenso mit den Seitenrändern verfahren.

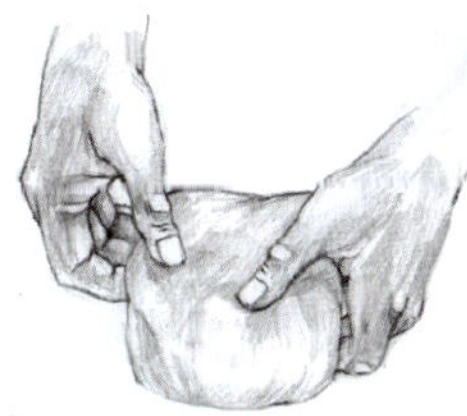

4
Den Teig mit dem Schluss nach unten legen, mit Mehl bestäuben und mit einem Geschirrtuch abdecken.

BRÖTCHEN FORMEN

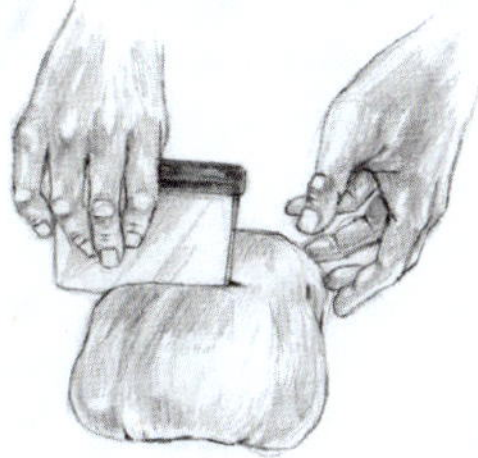

1
Teig leicht mit Mehl bestäuben und mit dem Teigschaber in Drittel teilen.

2
Diese in je 3–4 Brötchen teilen. Auf ein mit Backpapier belegtes Blech legen.

3
Die Brötchen nach Belieben mit Wasser bestreichen und mit Saaten bestreuen.

FRÜHSTÜCKSBRÖTCHEN OHNE KNETEN

ERGIBT 9–12 BRÖTCHEN . 9 STUNDEN . ARBEITSAUFWAND 1 VON 5

Meine Frühstücksbrötchen backe ich sehr oft nach diesem Grundrezept. Es lässt sich unendlich variieren: So können Sie die Hälfte des Weizenmehls durch eine andere Mehlsorte ersetzen – beispielsweise durch Vollkornmehl – oder die Brötchen mit verschiedenen Saaten bestreuen. Bestreichen Sie die Teiglinge vorher mit Wasser, damit sie besser haften bleiben.

Für den Teig:
3 g frische Hefe
450 g Weizenmehl (Type 550 oder 405), plus mehr zum Arbeiten
8–10 g Salz
Sesamsaat und Sonnenblumenkerne zum Bestreuen (oder andere Saaten, nach Belieben)

Haltbarkeit und Lagerung

Die Brötchen schmecken ofenfrisch am besten, halten sich in einem Frischhaltebeutel aber auch bis zum Folgetag. Zum Servieren im auf 200 °C vorgeheizten Backofen wieder knusprig aufbacken. Die Brötchen lassen sich auch gut tiefkühlen.

1 Hefe, Mehl, Salz und 350 ml kaltes Wasser in einer Schüssel kurz von Hand oder in der Rührmaschine zu einem Teig verrühren. Dabei jedoch nicht kneten. Den Teig mit einem Deckel oder mit Frischhaltefolie abgedeckt bei Zimmertemperatur etwa 8 Stunden oder über Nacht gehen lassen.

2 Danach den Teig auf der bemehlten Arbeitsfläche zu einem Paket falten (s. S. 73). Mit einem Geschirrtuch abgedeckt etwa 40 Minuten gehen lassen.

3 Mindestens 30 Minuten vor dem Backen den Backofen auf 275 °C vorheizen. Ein Backblech mit Backpapier belegen.

4 Den Teig mit einem Teigschaber oder einem Pfannenheber zuerst in Drittel und diese in je drei bis vier Stücke teilen (s. S. 73). Die Brötchen auf das Backblech legen, mit Wasser bestreichen und mit Sesam und Sonnenblumenkernen bestreuen. Im Ofen (Mitte) etwa 15 Minuten goldbraun backen. Die Brötchen auf einem Gitter abkühlen lassen.

WEISSBRÖTCHEN

ERGIBT 9–12 BRÖTCHEN . 9 STUNDEN . ARBEITSAUFWAND 1 VON 5

Etwas Butter im Teig gibt den Weißbrötchen eine angenehm weiche Konsistenz. Bestäuben Sie den Teig ruhig großzügig mit Mehl, bevor Sie ihn zerteilen.

Für den Teig:
5 g frische Hefe
500 g Weizenmehl (Type 550), plus mehr zum Arbeiten
15 g weiche Butter
8–10 g Salz

Haltbarkeit und Lagerung
Die Brötchen sofort essen oder tiefkühlen, denn sie halten nicht lange. Zum Auftauen 15 Minuten in den auf 150 °C vorgeheizten Ofen schieben.

1 Hefe, Mehl, Butter, Salz und 350 ml kaltes Wasser in einer Schüssel kurz von Hand oder in der Rührmaschine zu einem Teig verrühren. Dabei jedoch nicht kneten. Den Teig mit einem Deckel oder mit Frischhaltefolie abgedeckt bei Zimmertemperatur etwa 8 Stunden gehen lassen.

2 Danach den Teig auf der großzügig bemehlten Arbeitsfläche zu einem Paket falten (s. S. 73). Mit einem Geschirrtuch abgedeckt 40–60 Minuten gehen lassen.

3 Mindestens 30 Minuten vor dem Backen den Backofen auf 275 °C vorheizen. Ein Backblech mit Backpapier belegen.

4 Den Teig zuerst in Drittel und diese in je drei bis vier Stücke teilen (s. S. 73). Die Brötchen mit der Unterseite nach oben auf das Backblech legen. Im Ofen (Mitte) 10–15 Minuten hell backen. Auf einem Gitter abkühlen lassen, dabei mit einem Geschirrtuch bedecken.

ROGGENBRÖTCHEN

ERGIBT 9–12 BRÖTCHEN . 9 STUNDEN . ARBEITSAUFWAND 1 VON 5

Dieser Teig muss sehr weich sein. Geben Sie also je nach Roggenmehlsorte etwas mehr oder weniger Wasser zu – je gröber das Mehl ist, desto mehr Wasser brauchen Sie. Kümmel und Sonnenblumenkerne können Sie auch durch andere Saaten ersetzen.

Für den Teig:
2 g frische Hefe
225 g Roggenmehl (Type 1370)
225 g Weizenmehl (Type 550)
15 g geschrotete Leinsamen
1 TL Kümmelsamen
8–10 g Salz
30 g dunkler Zuckerrübensirup
Sonnenblumenkerne zum Bestreuen

Haltbarkeit und Lagerung
Die Brötchen halten sich in ein Geschirrtuch gewickelt 2–3 Tage.

1 Hefe, beide Mehlsorten, Leinsamen, Kümmel, Salz, Sirup und 350 ml kaltes Wasser kurz von Hand oder in der Rührmaschine zu einem Teig verrühren. Dabei jedoch nicht kneten. Mit einem Deckel oder mit Frischhaltefolie abgedeckt bei Zimmertemperatur etwa 8 Stunden gehen lassen.

2 Die Sonnenblumenkerne auf einen Teller streuen. Ein Backblech mit Backpapier belegen. Mit angefeuchteten Händen vom Teig Portionen (etwa 6 cm Ø) abnehmen und zu Brötchen formen. Diese mit der Oberseite in die Kerne drücken und auf das Backblech legen. Mit einem Geschirrtuch abgedeckt 40–60 Minuten gehen lassen.

3 Mindestens 30 Minuten vor dem Backen den Backofen auf 275 °C vorheizen. Die Brötchen im Ofen (Mitte) 15–20 Minuten goldbraun backen. Auf einem Gitter abkühlen lassen.

SONNENBLUMENBRÖTCHEN

ERGIBT 10 BRÖTCHEN . 9 STUNDEN . ARBEITSAUFWAND 1 VON 5

Das Roggenmehl macht den Teig sehr klebrig, aber genau so muss er sein.

Für den Teig:
3 g frische Hefe
270 g Weizenmehl (Type 1050), plus mehr zum Arbeiten
180 g Roggenmehl (Type 1150)
20 g Honig
8–10 g Salz
Sonnenblumenkerne zum Bestreuen

Haltbarkeit und Lagerung
Die Brötchen schmecken ofenfrisch am besten, halten sich in einem Frischhaltebeutel aber auch bis zum Folgetag. Dann im auf 200 °C vorgeheizten Backofen wieder knusprig aufbacken.

1 Hefe, beide Mehlsorten, Honig, Salz und 350 ml kaltes Wasser in einer Schüssel kurz von Hand oder in der Rührmaschine zu einem Teig verrühren. Dabei jedoch nicht kneten. Den Teig mit einem Deckel oder mit Frischhaltefolie abgedeckt bei Zimmertemperatur etwa 8 Stunden gehen lassen.

2 Den Teig auf der bemehlten Arbeitsfläche zuerst zu einem Rechteck (50 × 20 cm) auseinanderziehen, dann zu einem Rechteck (50 × 10 cm) falten. Mit einem Geschirrtuch abgedeckt 40–60 Minuten gehen lassen.

3 Mindestens 30 Minuten vor dem Backen den Backofen auf 250 °C vorheizen. Ein Backblech mit Backpapier belegen.

4 Den Teig mit Wasser bestreichen und großzügig mit Sonnenblumenkernen bestreuen. In 5 cm lange Stücke teilen und auf das Blech legen. Die Brötchen im Ofen (Mitte) 15–20 Minuten goldgelb backen. Auf einem Gitter abkühlen lassen.

HONIGBRÖTCHEN

ERGIBT 9–12 BRÖTCHEN . 9 STUNDEN . ARBEITSAUFWAND 1 VON 5

Honig und Roggenmehl geben diesen Brötchen Struktur und eine leichte Karamellkruste. Der Roggenmehlanteil kann noch erhöht werden, doch das macht die Brötchen kompakter.

Für den Teig:
3 g frische Hefe
200 g Weizenmehl (Type 1050)
130 g Roggenmehl (Type 1150)
120 g Weizenmehl (Type 550), plus mehr zum Arbeiten
30 g Honig
8–10 g Salz

Haltbarkeit und Lagerung
Die Brötchen schmecken ofenfrisch am besten, halten sich in einem Frischhaltebeutel aber einige Tage. Sie eignen sich prima zum Tiefkühlen.

1 Hefe, alle Mehlsorten, Honig, Salz und 350 ml kaltes Wasser in einer Schüssel kurz von Hand oder in der Rührmaschine zu einem Teig verrühren. Dabei jedoch nicht kneten. Den Teig mit einem Deckel oder mit Frischhaltefolie abgedeckt bei Zimmertemperatur etwa 8 Stunden gehen lassen.

2 Mindestens 30 Minuten vor dem Backen den Backofen auf 250 °C vorheizen. Ein Backblech mit Backpapier belegen.

3 Den Teig auf der bemehlten Arbeitsfläche zu einem Paket falten (s. S. 73). Mit etwas Mehl bestäuben und mit einem Geschirrtuch abgedeckt 30–50 Minuten (je nach Zimmertemperatur und verfügbarer Zeit) gehen lassen.

4 Den Teig in Drittel und diese in je drei bis vier Stücke teilen (s. S. 73). Die Brötchen mit der bemehlten Seite nach oben auf das Backblech legen. Im Ofen (Mitte) 12–15 Minuten goldbraun backen. Auf einem Gitter abkühlen lassen.

ROSINENBRÖTCHEN

ERGIBT 9–12 BRÖTCHEN . 9 STUNDEN . ARBEITSAUFWAND 1 VON 5

Bei diesen supereinfachen und saftigen Brötchen werden die Rosinen nochmals in den Teig gedrückt. Vergessen Sie das nicht, sonst verbrennen sie leicht!

Für den Teig:
3 g frische Hefe
250 g Weizenmehl (Type 550)
150 g Roggenmehl (Type 1370)
50 g Sonnenblumenkerne
2 EL Leinsamen
50 g Rosinen
8–10 g Salz

Haltbarkeit und Lagerung
Die Brötchen halten sich in einem Frischhaltebeutel einige Tage. Sie lassen sich gut tiefkühlen. Dann 10 Minuten im 150 °C heißen Ofen auftauen.

1 Hefe, beide Mehlsorten, Sonnenblumenkerne, Leinsamen, Rosinen, Salz und 350 ml kaltes Wasser in einer Schüssel kurz von Hand oder in der Rührmaschine zu einem Teig verrühren. Dabei jedoch nicht kneten. Den Teig mit einem Deckel oder mit Frischhaltefolie abgedeckt bei Zimmertemperatur etwa 8 Stunden gehen lassen.

2 Ein Backblech mit Backpapier belegen. Den klebrigen Teig mithilfe von zwei Esslöffeln in neun bis zwölf Portionen daraufgeben. Hervorstehende Rosinen hineindrücken und die Brötchen leicht bemehlen. Mit einem Geschirrtuch abgedeckt 40–60 Minuten gehen lassen.

3 Mindestens 30 Minuten vor dem Backen den Backofen auf 275 °C vorheizen. Die Brötchen im Ofen (Mitte) 15–20 Minuten goldbraun backen. Herausnehmen und auf einem Gitter abkühlen lassen.

FEIGEN-KÜRBISKERN-BRÖTCHEN

ERGIBT 9–12 BRÖTCHEN . 9 STUNDEN . ARBEITSAUFWAND 1 VON 5

Diese Brötchen backe ich immer am ersten Sonntag im März zum »Wasalauf-Frühstück« vor dem Fernseher. Das Dinkelmehl kann man auch durch Weizenmehl ersetzen.

Für den Teig:
125 g getrocknete Feigen (ca. 7 Stück)
3 g frische Hefe
450 g Dinkelmehl (Type 630), plus mehr zum Arbeiten
45 g Kürbiskerne
8–10 g Salz

Haltbarkeit und Lagerung

Die Brötchen möglichst sofort aufessen oder tiefkühlen. Zum Servieren 10 Minuten im auf 150 °C vorgeheizten Ofen auftauen.

1 Die Feigen grob hacken. Feigen, Hefe, Dinkelmehl, Kürbiskerne, Salz und 350 ml kaltes Wasser in einer Schüssel kurz von Hand oder in der Rührmaschine zu einem Teig verrühren. Dabei jedoch nicht kneten. Den Teig mit einem Deckel oder mit Frischhaltefolie abgedeckt etwa 8 Stunden gehen lassen.

2 Den Teig auf der bemehlten Arbeitsfläche zu einem Paket falten (s. S. 73). Mit einem Geschirrtuch abgedeckt 40–60 Minuten gehen lassen.

3 Mindestens 30 Minuten vor dem Backen den Backofen auf 275 °C vorheizen. Ein Backblech mit Backpapier belegen.

4 Den Teig zuerst in Drittel und diese in je drei bis vier Stücke teilen (s. S. 73). Die Brötchen auf das Backblech legen und im Ofen (Mitte) 15–20 Minuten goldbraun backen. Auf einem Gitter abkühlen lassen.

BRÖTCHENRAD

ERGIBT 1 RIESIGES BROT . 4 STUNDEN . ARBEITSAUFWAND 3 VON 5

Ein Brötchenrad können Sie eigentlich aus jedem Brotteig backen. Wenn es ein Sauerteig sein soll, folgen Sie dem Rezept für Stockholm-Levain (s. S. 188) bis Schritt 4 und dann diesem Rezept ab Schritt 4. Und bei den Saaten haben Sie natürlich freie Wahl.

Für den Teig:
15 g frische Hefe
900 g Weizenmehl (Type 550), plus mehr zum Arbeiten
20 g Salz

Für die Saaten:
Kürbiskerne
Sonnenblumenkerne
Sesamsaat
Mohnsaat
Leinsamen

Haltbarkeit und Lagerung
Das Brötchenrad schmeckt ofenfrisch am besten. Reste in einzelne Brötchen zerteilen und tiefkühlen.

Von Hand

1 Hefe, Mehl, Salz und 700 ml kaltes Wasser in einer Schüssel kurz zu einem Teig verrühren. Dabei jedoch nicht kneten. Den Teig mit einem Deckel oder Frischhaltefolie abgedeckt etwa 30 Minuten ruhen lassen.

2 Zum Teigfalten den Teigrand mit der feuchten Hand fassen und behutsam zur gegenüberliegenden Seite ziehen. So fortfahren, bis die Runde abgeschlossen ist (s. S. 15). Abgedeckt weitere 30 Minuten ruhen lassen.

3 Den Teig nochmals wie in Schritt 2 falten und abgedeckt etwa 1 Stunde ruhen lassen.

4 Danach den Teig auf der bemehlten Arbeitsfläche zu einem Paket falten (s. S. 73). Mit dem Schluss nach unten legen und mit einem Geschirrtuch abgedeckt 40–60 Minuten gehen lassen.

5 Mindestens 30 Minuten vor dem Backen den Backofen auf 275 °C vorheizen. Ein Backblech mit Backpapier belegen.

6 Die Saaten einzeln auf Teller geben. Überschüssiges Mehl abbürsten und den Teig mit Wasser bestreichen. Den Teig in brötchengroße Stücke teilen und mit der Oberseite in die Saaten drücken. Die Stücke so dicht wie möglich, aber ohne direkten Kontakt auf dem Backblech verteilen.

7 Das Rad im Ofen (Mitte) etwa 25 Minuten backen. Gegen Backzeitende eventuell die Temperatur reduzieren. Auf einem Gitter abkühlen lassen.

Mit Rührmaschine

1 Alle Zutaten und 700 ml kaltes Wasser 10 Minuten (mittlere Stufe) verrühren. Den Teig abgedeckt etwa 1 Stunde ruhen lassen.

2 Fortfahren wie in Schritt **4–7** beschrieben.

SAUERTEIGBRÖTCHEN MIT ÜBERNACHTGARE

ERGIBT ETWA 20 BRÖTCHEN . 15 STUNDEN . ARBEITSAUFWAND 4 VON 5

Diese Brötchen müssen über Nacht bei Zimmertemperatur gehen. Wählen Sie den Ort dafür mit Bedacht. In einer warmen Sommernacht zum Beispiel sollte es ein kühler Platz sein, damit der Teig nicht übermäßig aufgeht. Aus der Hälfte des Teigs können Sie auch einen Brotlaib formen.

Für den Sauerteig:
25 g Roggensaueransatz (s. S. 156)
55 g Roggenmehl (Type 1370)

Für den Teig:
250 g Weizenvollkornmehl
500 g Weizenmehl (Type 550), plus mehr zum Arbeiten
15–20 g Salz

Haltbarkeit und Lagerung
Die Brötchen ofenfrisch essen oder tiefkühlen. Zum Servieren 15 Minuten im 150 °C heißen Ofen auftauen.

1 Für den Sauerteig Saueransatz, Mehl und 100 ml Wasser in einer Schüssel verrühren. Mit einem Deckel oder mit Frischhaltefolie abgedeckt bei Zimmertemperatur 6–10 Stunden ruhen lassen, bis der Sauerteig Blasen bildet. Vom Sauerteig 25 g (2 EL) abnehmen, in ein Schraubglas füllen und im Kühlschrank für den nächsten Backtag aufbewahren.

2 Für den Teig restlichen Sauerteig, beide Mehlsorten, Salz und 500 ml Wasser in einer Schüssel kurz von Hand oder 5 Minuten in der Rührmaschine (kleine Stufe) zu einem Teig verrühren. Mit einem Deckel oder mit Frischhaltefolie abgedeckt 1 Stunde ruhen lassen.

3 Zum Teigfalten den Teigrand mit der feuchten Hand fassen und behutsam zur gegenüberliegenden Seite ziehen. So fortfahren, bis die Runde abgeschlossen ist (s. S. 15). Den Teig abgedeckt 1 Stunde ruhen lassen.

4 Danach den Teig auf der bemehlten Arbeitsfläche in etwa 20 Stücke teilen. Die Stücke rund wirken (s. S. 216) und auf ein bemehltes Geschirrtuch legen. Das Handtuch zwischen den Stücken hochziehen (siehe Bild links), damit sie beim Gehen getrennt liegen. Mit einem zweiten Geschirrtuch abdecken und bei Zimmertemperatur 6–8 Stunden gehen lassen. (Alternativ 2 Stunden bei Zimmertemperatur und 8 Stunden im Kühlschrank gehen lassen.)

5 Mindestens 30 Minuten vor dem Backen den Backofen auf 275 °C vorheizen. Ein Backblech mit Backpapier belegen.

6 Die Brötchen auf das Backblech legen und kreuzweise einschneiden. Im Ofen (Mitte) 15–20 Minuten goldbraun backen. Herausnehmen und auf einem Kuchengitter abkühlen lassen.

BROT ALS BEILAGE

BROTSTANGEN

ERGIBT ETWA 50 STANGEN . 2 ½ STUNDEN . ARBEITSAUFWAND 3 VON 5

Damit die Brotstangen schön knusprig werden, dürfen sie nicht dicker als ein Bleistift sein. Würzen kann man sie nach Lust und Laune, zum Beispiel mit Meersalzflocken, getrockneten Kräutern oder Saaten. Damit diese haften bleiben, wird der Teig vorher mit Wasser bestrichen. Alternativ können Sie die Stangen auch nur mit einem aromatischen Öl bepinseln.

Für den Teig:
¼ Würfel frische Hefe (10 g)
2 EL Olivenöl
500 g Weizenmehl (Type 550), plus mehr zum Arbeiten
10 g Salz
Meersalzflocken, Sesam- oder Mohnsaat zum Bestreuen (nach Belieben)
aromatisches Öl zum Bestreichen (nach Belieben)

Haltbarkeit und Lagerung
Trocken aufbewahrt halten sich die Stangen einige Wochen.

1 Hefe, Olivenöl, Mehl, Salz und 350 ml kaltes Wasser in einer Schüssel kurz von Hand oder in einer Rührmaschine zu einem Teig verrühren. Den Teig mit einem Deckel oder mit Frischhaltefolie abgedeckt 45 Minuten ruhen lassen.

2 Danach den Teig auf der bemehlten Arbeitsfläche in etwa 50 Stücke (à 15 g) teilen. Die Stücke zuerst zu 10 cm langen Strängen, dann an einem Ende beginnend zu etwa 25 cm langen Stangen rollen. Ein Backblech mit Backpapier belegen, die Stangen darauflegen und mit einem Geschirrtuch abgedeckt etwa 1 Stunde gehen lassen.

3 Mindestens 30 Minuten vor dem Backen den Backofen auf 250 °C vorheizen.

4 Die Stangen nach Belieben mit Wasser bestreichen und mit Meersalzflocken, Sesam oder Mohn bestreuen. Alternativ die Stangen mit einem aromatischen Öl bepinseln. Die Brotstangen im Ofen (Mitte) 8–10 Minuten goldbraun backen. Auf einem Gitter abkühlen und am besten bis zum nächsten Tag trocknen lassen.

FOCACCIA

ERGIBT 1 BROT . 9 STUNDEN . ARBEITSAUFWAND 1 VON 5

Frische Kräuter, getrocknete Tomaten, gegrillte Paprika oder auch Oliven, beim Belag können Sie Ihrer Fantasie freien Lauf lassen. Wenn Sie die Focaccia vor dem Backen dann noch mit reichlich Olivenöl beträufeln und mit Meersalzflocken bestreuen, kann nichts schiefgehen.

Für den Teig:
3 g frische Hefe
3 EL Olivenöl, plus mehr zum Arbeiten
20 g Honig
250 g Weizenmehl (Type 550)
200 g Hartweizenmehl
10 g Salz

Für den Belag:
Olivenöl
Meersalzflocken
frische oder sonnengetrocknete Tomaten, Rosmarin, Oliven oder Sardellen (nach Belieben)

Haltbarkeit und Lagerung
Die Focaccia hält sich in einem Frischhaltebeutel einige Tage.

1 Für den Teig Hefe, 2 EL Olivenöl, Honig, beide Mehlsorten, Salz und 350 ml kaltes Wasser in einer Schüssel kurz von Hand oder in der Rührmaschine zu einem Teig verrühren. Dabei jedoch nicht kneten. Den Teig mit einem Deckel oder mit Frischhaltefolie abgedeckt bei Zimmertemperatur etwa 8 Stunden gehen lassen.

2 Ein Backblech nach Belieben mit Backpapier belegen und mit Olivenöl bestreichen. Den Teig auf das Blech geben, mit 1 EL Olivenöl beträufeln und den Teig mit den Händen bis in die Ecken des Blechs drücken. Mit Frischhaltefolie abgedeckt etwa 40 Minuten gehen lassen.

3 Mindestens 30 Minuten vor dem Backen den Backofen auf 250 °C vorheizen.

4 Für den Belag die Teigplatte mit dem Olivenöl bestreichen und mit den Fingerkuppen Vertiefungen hineindrücken. Mit Meersalzflocken bestreuen und nach Belieben mit Tomaten, Rosmarin, Oliven oder Sardellen belegen. Die Tomaten gut in den Teig drücken.

5 Die Focaccia im Ofen (Mitte) etwa 25 Minuten goldbraun backen. Herausnehmen und noch warm servieren.

FOUGASSE

ERGIBT 2 BROTE . 10 STUNDEN . ARBEITSAUFWAND 2 VON 5

Die Franzosen füllen dieses Brot gerne, beispielsweise mit sonnengetrockneten Tomaten, Käse, Schinken oder Salami. Ich persönlich mag gefüllte Brote nicht so gerne, aber das ist natürlich Geschmackssache. Am besten gelingt die Fougasse in einem sehr heißen Ofen. Wenn Sie also einen Ofen mit Pizzastufe besitzen, schalten Sie diese dazu.

Für den Teig:
5 g frische Hefe
300 g Weizenmehl (Type 550), plus mehr zum Arbeiten
1 EL Olivenöl, plus mehr zum Arbeiten
6 g Salz
3 g Zucker
Meersalz zum Bestreuen
getrocknete Kräuter (z. B. Oregano, Rosmarin, Thymian) zum Bestreuen

Haltbarkeit und Lagerung
Die Fougasse am besten offen liegen lassen, dann ist sie schnell aufgegessen.

1 Für den Teig Hefe, Mehl, Olivenöl, Salz, Zucker und 200 ml kaltes Wasser in einer Schüssel kurz von Hand oder in der Rührmaschine zu einem Teig verrühren. Dabei jedoch nicht kneten. Den Teig mit einem Deckel oder Frischhaltefolie abgedeckt etwa 45 Minuten gehen lassen.

2 Danach den Teig auf der bemehlten Arbeitsfläche halbieren und rund wirken (s. S. 112). Die Teigkugeln auf einen Teller oder eine Platte legen, mit etwas Olivenöl beträufeln und mit Frischhaltefolie abgedeckt im Kühlschrank etwa 8 Stunden gehen lassen. (Der Teig muss vor dem Backen schön aufgehen. Tut er das nicht, die Kugeln aus dem Kühlschrank nehmen und bei Zimmertemperatur gehen lassen.)

3 Mindestens 30 Minuten vor dem Backen den Backofen auf höchste Stufe vorheizen. Ein Backblech mit Backpapier belegen und großzügig mit Olivenöl beträufeln.

4 Die Teigkugeln mit etwas Olivenöl beträufeln und mit den Händen jeweils zu einem ovalen Fladen (etwa 20 cm lang) auseinanderziehen. Die Fladen auf das Backblech legen und mehrmals einschneiden. Mit Meersalzflocken und Kräutern bestreuen und auf dem Blech nochmals 15–30 Minuten gehen lassen.

5 Die Fladen im Ofen (Mitte) etwa 10 Minuten goldbraun backen. Herausnehmen und noch warm servieren.

CHAPATI

ERGIBT ETWA 10 BROTE . 3 STUNDEN . ARBEITSAUFWAND 3 VON 5

Das perfekte Chapatibrot bläht sich im Ofen wie ein Ballon auf, sinkt dann wieder ein und bildet dabei innen zwei Schichten. Voraussetzung dafür ist ein hauchdünn ausgerollter Teig. Das gelingt meiner Meinung nach mit einem dünnen Stab besser als mit einem Teigroller. Statt Weizenvollkornmehl können Sie auch helles Weizenmehl verwenden. Und wenn Sie abends Chapati essen möchten, bereiten Sie den Teig schon morgens zu.

Für den Teig:
200 g Weizenmehl (Type 550), plus mehr zum Arbeiten
200 g Weizenvollkornmehl
6 g Salz
2 EL Olivenöl, plus mehr zum Arbeiten

Zum Bestreichen:
Olivenöl oder Butter, zerlassen

Haltbarkeit und Lagerung
Die Chapati schmecken ofenfrisch am besten. Übrige Brote in einem Frischhaltebeutel aufbewahren.

1 Für den Teig beide Mehlsorten, Salz, Olivenöl und 200 ml kaltes Wasser in einer Schüssel kurz von Hand zu einer festen Teigkugel vermischen (der Teig wird nach dem Ruhen weicher). Die Teigkugel rundum mit etwas Olivenöl bepinseln und mit einem Deckel oder mit Frischhaltefolie abgedeckt 2–10 Stunden ruhen lassen.

2 Mindestens 30 Minuten vor dem Backen den Backofen auf 250 °C (am besten Heißluft) vorheizen. Dabei den Ofenrost (Mitte) mit vorheizen.

3 Vom Teig ein tischtennisballgroßes Stück abnehmen und zwischen den Handflächen zu einer Kugel formen. Die Kugel auf der bemehlten Arbeitsfläche zuerst zu einem Fladen (etwa 10 cm Ø) flach drücken, dann etwa 1 mm dick ausrollen. Dabei den Fladen mehrmals wenden.

4 Eine trockene Pfanne bei starker Hitze sehr heiß werden lassen. Den Fladen darin etwa 30 Sekunden backen. Wenden und die zweite Seite ebenfalls backen. (Das Brot muss dabei noch keine Farbe annehmen.) Den Fladen danach auf den Rost legen und im Ofen etwa 30 Sekunden backen. Dabei bläht sich das Brot stark auf. Noch kurz weiterbacken, bis das Brot dunkle Stellen bekommt, dann herausnehmen.

5 Das Chapatibrot (es sinkt jetzt wieder ein) auf einen Teller legen und mit dem Olivenöl oder der zerlassenen Butter bestreichen. Den restlichen Teig ebenso formen und backen.

Mein Tipp: Die Pfanne muss RICHTIG HEISS sein!

WEIZENTORTILLAS

ERGIBT 12–16 BROTE . 1 STUNDE. ARBEITSAUFWAND 2 VON 5

Tortillas kann man sehr leicht selbst backen – und hausgemacht schmecken die Fladen viel besser als gekauft. Ich bevorzuge Weizentortillas, denn sie sind viel einfacher herzustellen als Tortillas aus Maismehl. Wer sich dennoch an Maistortillas wagen möchte, verwendet am besten Maseca-Mehl. Ich rolle immer die nächste Tortilla aus, während die vorherige in der Pfanne backt. Wenn Sie Ihren Rhythmus gefunden haben, läuft das wie von selbst.

Für den Teig:
480 g Weizenmehl (Type 550), plus mehr zum Arbeiten
2 TL Backpulver
6 g Salz
2 ½ EL neutrales Öl

Haltbarkeit und Lagerung
Die Tortillas möglichst kurz vor dem Servieren backen. Übrige Tortillas in einem Gefrierbeutel tiefkühlen und in Alufolie gewickelt im Backofen wieder aufbacken.

1 Mehl, Backpulver und Salz in einer Schüssel mischen. Das Öl und 300 ml kaltes Wasser dazugießen und alles von Hand oder in der Rührmaschine zu einem Teig verrühren. Den Teig mit einem Deckel oder mit Frischhaltefolie abgedeckt etwa 30 Minuten ruhen lassen.

2 Eine trockene Pfanne bei mittlerer bis starker Hitze sehr heiß werden lassen.

3 Den Teig mit Mehl bestäuben. Dann ein tischtennisballgroßes Stück abnehmen und zwischen den Handflächen zu einer Kugel formen. Die Kugel auf der bemehlten Arbeitsfläche zuerst flach drücken, dann etwa 1 mm dick ausrollen. Dabei darauf achten, dass der Fladen gleichmäßig dick ist.

4 Den Fladen in der heißen Pfanne von jeder Seite etwa 30 Sekunden backen. Falls er nicht gleich Farbe annimmt, die Hitze erhöhen (der Fladen wird leicht trocken, wenn er zu lange backt). Die Tortilla aus der Pfanne nehmen und mit einem Geschirrtuch abdecken. Den restlichen Teig ebenso formen und backen.

Mein Tipp: Etwas Knoblauch in die Butter zum Bestreichen pressen.

NAANBROT

ERGIBT 4 BROTE . 10 STUNDEN . ARBEITSAUFWAND 2 VON 5

Natürlich ist es fast unmöglich, den superheißen Tandoori-Ofen nachzuahmen, in dem Naanbrot normalerweise gebacken wird. Setzt man allerdings Pfanne und Ofen ein, kommt man dem Original schon recht nahe! Ich brate das Brot zuerst kurz in der Pfanne und backe es dann im Ofen fertig. Das Braten in der Pfanne können Sie jedoch auch problemlos auslassen.

Für den Teig:
3 g frische Hefe
2 EL neutrales Öl
50 g Joghurt
6 g Salz
4 g Zucker
300 g Weizenmehl (Type 550), plus mehr zum Arbeiten
25 g Butter, zerlassen, zum Bestreichen
1 Knoblauchzehe, zerdrückt (nach Belieben)
Schwarzkümmelsamen zum Bestreuen (nach Belieben)

Haltbarkeit und Lagerung

Die Brote schmecken ofenfrisch am besten. Sie lassen sich aber gut tiefkühlen. Zum Servieren einige Minuten im sehr heißen Backofen auftauen.

1 Hefe, Öl, Joghurt, Salz, Zucker, Mehl und 200 ml kaltes Wasser in einer Schüssel kurz von Hand oder in der Rührmaschine zu einem Teig verrühren. Dabei jedoch nicht kneten. Den Teig mit einem Deckel oder mit Frischhaltefolie abgedeckt bei Zimmertemperatur etwa 8 Stunden gehen lassen.

2 Danach den Teig auf der bemehlten Arbeitsfläche vierteln. Die Viertel zu kleinen Bündeln falten und mit einem Geschirrtuch abgedeckt bei Zimmertemperatur nochmals etwa 1 Stunde gehen lassen.

3 Mindestens 30 Minuten vor dem Backen den Backofen auf 250 °C vorheizen. Dabei den Ofenrost (Mitte) mit vorheizen.

4 Eine trockene Pfanne bei mittlerer bis starker Hitze heiß werden lassen. Ein Teigviertel so dünn wie möglich auseinanderziehen. Dabei darauf achten, dass es nicht reißt. Den Fladen in der heißen Pfanne von jeder Seite etwa 30 Sekunden braten, bis der Teig Farbe annimmt. Herausnehmen und den Fladen im Ofen 5 Minuten fertig backen. Inzwischen das nächste Brot formen und braten.

5 Die Butter nach Belieben mit dem Knoblauch verrühren. Das Naanbrot aus dem Ofen nehmen und mit der flüssigen Butter bestreichen. Nach Belieben mit dem Schwarzkümmel bestreuen und sofort servieren. Mit dem restlichen Teig wiederholen.

PITABROT

ERGIBT 8 KLEINE BROTE . 2 STUNDEN . ARBEITSAUFWAND 2 VON 5

Meine Pitabrote sind kleiner als die, die man vom Griechen kennt. Doch ich finde sie so sehr praktisch, natürlich können die Brote aber auch größer geformt werden. Damit sich ein Pitabrot problemlos füllen lässt, muss es sich im Ofen aufblähen, sodass innen ein Hohlraum entsteht. Das klappt nur, wenn der Teig möglichst gleichmäßig geformt und ausgerollt wurde. Normalerweise bevorzuge ich ja knusprig gebräuntes Brot, beim Pitabrot aber bin ich zurückhaltender, es trocknet sonst aus und bricht.

Für den Teig:
4 g frische Hefe
1 EL Olivenöl
6 g Salz
3 g Zucker
300 g Weizenmehl (Type 550), plus mehr zum Arbeiten

Haltbarkeit und Lagerung
Die Fladen in einem Frischhaltebeutel aufbewahren, sonst werden sie trocken und reißen beim Füllen. Sie lassen sich gut tiefkühlen. Dann im Gefrierbeutel wieder auftauen lassen.

1 Hefe, Olivenöl, Salz, Zucker, Mehl und 200 ml kaltes Wasser in einer Schüssel kurz von Hand oder in der Rührmaschine zu einem Teig verrühren. Dabei jedoch nicht kneten. Den Teig mit einem Deckel oder mit Frischhaltefolie abgedeckt bei Zimmertemperatur etwa 45 Minuten oder im Kühlschrank 6–8 Stunden gehen lassen.

2 Den Teig auf der bemehlten Arbeitsfläche in acht Stücke teilen. Die Stücke rund wirken (s. S. 216), in etwas Mehl wenden und leicht flach drücken. Ein Backblech mit Backpapier belegen, die Fladen darauflegen und einige Minuten ruhen lassen. Die Fladen danach etwa 1 cm dick ausrollen und mit einem Geschirrtuch abgedeckt etwa 30 Minuten gehen lassen.

3 Mindestens 30 Minuten vor dem Backen den Backofen auf 250 °C (Ober-/Unterhitze oder Heißluft) vorheizen.

4 Die Brote im Ofen (Mitte) 7–8 Minuten backen, bis sie sich aufgebläht und auf beiden Seiten etwas Farbe angenommen haben. Herausnehmen und sofort in ein Geschirrtuch wickeln. Werden die Brote nicht sofort serviert, leicht abkühlen lassen und in einen Frischhaltebeutel geben. So bleiben sie weich.

BAGELS

ERGIBT 10 BAGELS . 3 STUNDEN . ARBEITSAUFWAND 3 VON 5

Bagels selbst zu machen ist einfacher, als man denkt – und es macht richtig viel Spaß! Zum Bestreuen empfehle ich Schwarzkümmelsamen (Echter Schwarzkümmel, auch als Schwarze Zwiebelsamen bekannt). Damit schmecken die Bagels besonders lecker.

Für den Teig:

¼ Würfel frische Hefe (10 g)
15 g Butter, in dünne Scheiben geschnitten
15 g Honig
500 g Weizenmehl (Type 550), plus mehr zum Arbeiten
10 g Salz
verschiedene Saaten zum Bestreuen

1 Hefe, Butter, Honig, Mehl, Salz und 325 ml kaltes Wasser in einer Schüssel von Hand oder in der Rührmaschine (kleine Stufe) verrühren. Den Teig mit einem Deckel oder mit Frischhaltefolie abgedeckt etwa 45 Minuten gehen lassen.

2 Den Teig auf der bemehlten Arbeitsfläche in zehn Stücke teilen. Diese zu Kugeln formen, mit etwas Mehl bestäuben und ein Loch hineindrücken (siehe unten). Mit einem Geschirrtuch abgedeckt etwa 30 Minuten gehen lassen. Inzwischen den Backofen auf 210 °C vorheizen.

3
Die Ränder der Teigstücke zur Mitte falten ...

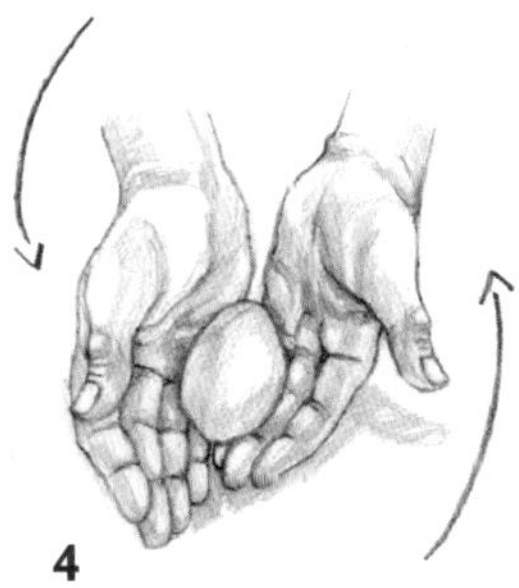

4
... umdrehen und die Stücke zwischen den Handflächen rund rollen.

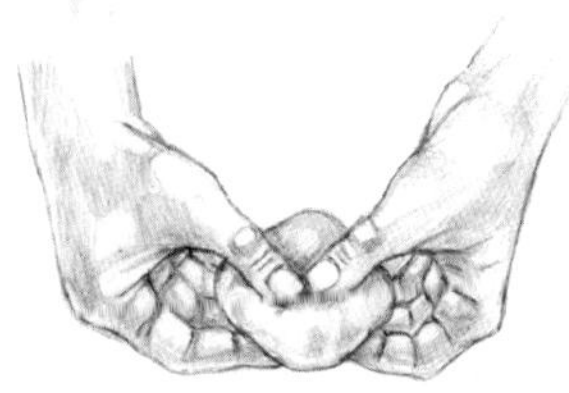

5
Mit den Daumen ein Loch in die Mitte drücken.

6
Die Ringe leicht auseinanderziehen und das Loch so vergrößern.

Haltbarkeit und Lagerung

Die Bagels halten sich in einem Frischhaltebeutel einige Tage. Sie lassen sich auch gut tiefkühlen.

7 In einem großen Topf Wasser aufkochen. Zwei bis drei Bagels hineingeben und 2 Minuten kochen lassen. Dann wenden und 2 Minuten weiterkochen. Die Bagels herausnehmen, auf einem Geschirrtuch abtropfen lassen und mit den Saaten bestreuen. Mit den restlichen Bagels wiederholen.

8 Ein Backblech mit Backpapier belegen. Die Bagels darauflegen und im Ofen (Mitte) etwa 25 Minuten goldbraun backen. Mit einem Geschirrtuch abgedeckt auf einem Gitter abkühlen lassen.

HAMBURGER-BRÖTCHEN

ERGIBT 12–16 BRÖTCHEN . 4 STUNDEN . ARBEITSAUFWAND 2 VON 5

Wie das perfekte Hamburger-Brötchen aussehen sollte, ist natürlich Ansichtssache. Meiner Meinung nach darf es vor allem nicht zu hoch sein – schließlich muss der Hamburger ja noch in den Mund passen. Meine Version enthält etwas Vollkornmehl. Wenn Sie hellere Brötchen bevorzugen, verwenden Sie einfach den Teig der Hotdog-Brötchen (siehe rechts).

Für den Teig:
¼ Würfel frische Hefe (10 g)
15 g Butter, in dünne Scheiben geschnitten
15 g Honig
100 g Dinkelvollkornmehl oder Grahammehl
400 g Weizenmehl (Type 550), plus mehr zum Arbeiten
10 g Salz

Zum Bestreichen:
1 Ei
1 Prise Salz
Sesamsaat zum Bestreuen (nach Belieben)

Haltbarkeit und Lagerung
Die Brötchen sofort servieren oder aufgeschnitten tiefkühlen. So tauen sie schneller auf.

1 Für den Teig Hefe, Butter, Honig, beide Mehlsorten, Salz und 350 ml kaltes Wasser in einer Schüssel kurz von Hand oder in der Rührmaschine (kleine Stufe) verrühren. Den Teig mit einem Deckel oder mit Frischhaltefolie abgedeckt bei Zimmertemperatur etwa 45 Minuten gehen lassen.

2 Den Teig auf der bemehlten Arbeitsfläche in 12–16 Stücke teilen und zu Kugeln formen (s. S. 216). Ein Backblech mit Backpapier belegen, die Kugeln darauflegen und 5 Minuten ruhen lassen. Danach flach drücken, bis sie 1½ cm dick sind. Mit einem Geschirrhandtuch abgedeckt 1 Stunde gehen lassen, bis sie ihr Volumen verdoppelt haben.

3 Mindestens 30 Minuten vor dem Backen den Backofen auf 225 °C vorheizen.

4 Zum Bestreichen Ei, Salz und 1 EL Wasser verquirlen. Die Brötchen damit bestreichen und nach Belieben mit dem Sesam bestreuen. Im Ofen (Mitte) 15–20 Minuten goldbraun backen. In ein Geschirrtuch wickeln und auf einem Gitter abkühlen lassen. Dann in einen Frischhaltebeutel geben.

HOTDOG-BRÖTCHEN

ERGIBT 20 BRÖTCHEN . 4 STUNDEN . ARBEITSAUFWAND 2 VON 5

Wie schon bei den Hamburger-Brötchen (siehe links) steht auch bei Hotdog-Brötchen ihre Funktion im Vordergrund. Heißt, Wurst und Brötchen sollen mit einem Bissen zerteilt werden können. Dafür dürfen die Brötchen weder zu zäh noch zu groß sein. Wenn Ihnen der Teig zu hell ist, backen Sie die Brötchen aus dem Teig der Hamburger-Brötchen.

Für den Teig:

¼ Würfel frische Hefe (10 g)
15 g Butter, in dünne Scheiben geschnitten
15 g Honig
500 g Weizenmehl (Type 550), plus mehr zum Arbeiten
10 g Salz

Haltbarkeit und Lagerung

Die Brötchen im Frischhaltebeutel aufbewahren oder tiefkühlen. Zum Servieren einige Minuten im auf 150 °C vorgeheizten Backofen auftauen.

1 Hefe, Butter, Honig, Mehl, Salz und 350 ml kaltes Wasser in einer Schüssel kurz von Hand oder in der Rührmaschine (kleine Stufe) verrühren. Den Teig mit einem Deckel oder mit Frischhaltefolie abgedeckt bei Zimmertemperatur etwa 45 Minuten gehen lassen.

2 Den Teig auf der bemehlten Arbeitsfläche zu einem Quadrat auseinanderziehen (s. S. 73). Den oberen und unteren Teigrand zur Mitte falten, den Teig dann etwa 1½ cm dick ausrollen. Dabei gerade Kanten bilden.

3 Mit einem Teigschaber einen 3 cm breiten Streifen abtrennen. Den Streifen in 10–12 cm lange Stücke teilen und diese auf ein mit Backpapier belegtes Backblech legen. Mit dem restlichen Teig wiederholen. Die Brötchen mit einem Geschirrtuch abgedeckt etwa 2 Stunden gehen lassen.

4 Mindestens 30 Minuten vor dem Backen den Backofen auf 225 °C vorheizen.

5 Die Brötchen im Ofen (Mitte) 10–15 Minuten goldgelb backen. In ein Geschirrtuch gewickelt auf einem Gitter abkühlen lassen. Dann in einen Frischhaltebeutel geben.

APROPOS ...

BACKPLANUNG

Das Brotbacken kann man auf verschiedene Arten angehen. Entweder man plant dafür schon im Vorfeld Zeit ein – wie für den Sport- oder Spanischkurs – oder man betrachtet es als Teil des Lebens. Also als etwas, das man ständig tut, nur in sehr kleinen Häppchen.

Bei mir ist es so: Für ein Sauerteigbrot beginne ich am Abend zuvor. Ich verrühre den Sauerteigansatz mit Mehl und Wasser (das dauert maximal 50 Sekunden). Am nächsten Morgen rühre ich den eigentlichen Teig an – Sauerteig, Mehl, Wasser und Salz (2 ½ Minuten). Während ich bei der Arbeit bin, geht der Teig auf, nimmt also von meiner Zeit nichts in Anspruch. Am Nachmittag forme ich das Brot (1 ½ Minuten) und schiebe es 1 Stunde später in den Ofen (40 Sekunden). Insgesamt nimmt das Brotbacken also 5 Minuten und 30 Sekunden in Anspruch – über den Tag verteilt. Die Baguettes (s. S. 59) toppen das sogar noch: abends 2 Minuten fürs Anrühren und am nächsten Morgen 1 Minute fürs Formen und In-den-Ofen-Schieben. Frische Baguettes in 3 Minuten! Sie brauchen zum Brotbacken also wenig Zeit, dafür aber umso mehr Weitsicht und ein wenig Planung.

PIZZEN

PIZZATEIG

Früher hatte ich einmal einen Nebenjob als Pizzabäcker in Stockholm. Dort lernte ich, wie wichtig ein geschmeidiger Teig ist, der sich zu einem richtig dünnen Boden dehnen lässt. Ein zu fester Teig ist eigentlich nicht zu gebrauchen, da er nach dem Dehnen immer wieder in die ursprüngliche Form zurückfedert. Ein zu weicher Teig macht Probleme, wenn man die Pizza in den Ofen schiebt. Zuhause steht man natürlich nicht unter demselben Zeitdruck wie in einer Pizzeria – bei uns ging freitagmittags zwischen zwölf und eins eine Pizza pro Minute raus. Doch mit einem guten Teig macht das Pizzabacken einfach mehr Spaß.

In diesem Kapitel stelle ich drei verschiedene Pizzateige vor: einen auf Hefebasis, einen mit Weizensauer- und einen mit Roggensauerteig. Für alle drei gilt: Je dünner der Boden, desto besser. Wichtig sind weiterhin eine dünne Schicht Tomatensauce und nur wenig Belag. Auf höchster Stufe im Ofen gebacken ist diese dreifach dünne Pizza im Nu fertig.

Alle drei Teige lassen sich leicht zubereiten und müssen nicht geknetet werden. Der Pizzateig mit Hefe (s. S. 112), die schnellste Variante, ist schon nach 1 Stunde einsatzbereit. Die beiden Pizzateige mit Sauerteig (s. S. 113) brauchen deutlich länger. Man kann sie zum Beispiel morgens anrühren und den Tag über im Kühlschrank gehen lassen.

Im Unterschied zur Hefeteigpizza besitzt die Sauerteigpizza etwas mehr Charakter, allerdings ist sie etwas zäher und sättigt besser. Der Klassiker ist jedoch nach wie vor ein köstlicher Pizzaboden aus Hefeteig.

PIZZATEIG MIT HEFE

ERGIBT 4 PIZZEN . 1 ODER 11 STUNDEN . ARBEITSAUFWAND 2 VON 5

Bei diesem Teig haben Sie die Wahl: Entweder Sie entscheiden sich für die Turbovariante, oder Sie rühren den Teig morgens an und lassen ihn in aller Ruhe bis abends gehen.

Für den Teig:
8 g frische Hefe (kurze Teigführung) oder 4 g frische Hefe (lange Teigführung)
2 EL Olivenöl, plus mehr zum Arbeiten
12 g Salz
6 g Zucker
600 g Weizenmehl (Type 550), plus mehr zum Arbeiten

1 Hefe (Menge je nach Teigführung), Öl, Salz, Zucker, Mehl und 400 ml kaltes Wasser in einer Schüssel kurz von Hand oder in der Rührmaschine verrühren. Mit einem Deckel oder mit Frischhaltefolie abgedeckt 45–60 Minuten ruhen lassen.

2 Den Teig auf der bemehlten Arbeitsfläche in vier Stücke (à etwa 250 g) teilen. Diese rund wirken (siehe unten) und auf einen Teller oder eine Platte legen. Mit etwas Olivenöl beträufeln und mit Frischhaltefolie abgedeckt bei Zimmertemperatur etwa 15 Minuten (kurze Teigführung) oder im Kühlschrank bis zu 10 Stunden (lange Teigführung) gehen lassen.

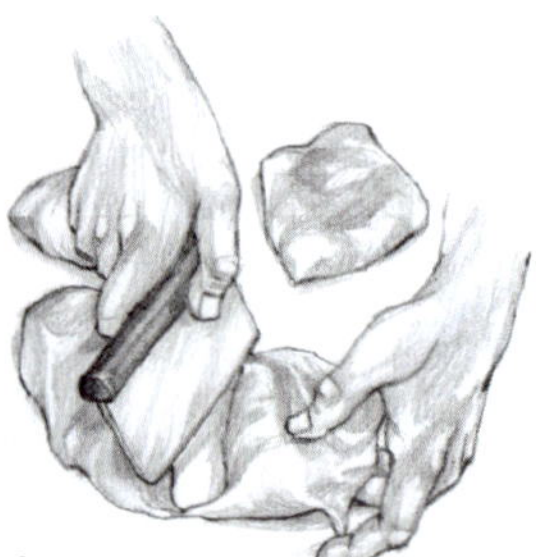

1
Den Teig auf die bemehlte Arbeitsfläche geben und in Viertel teilen.

2
Ein Teigstück flach drücken und die Ränder zur Mitte falten.

3
So fortfahren, bis die Runde abgeschlossen ist und die Unterseite Spannung aufweist.

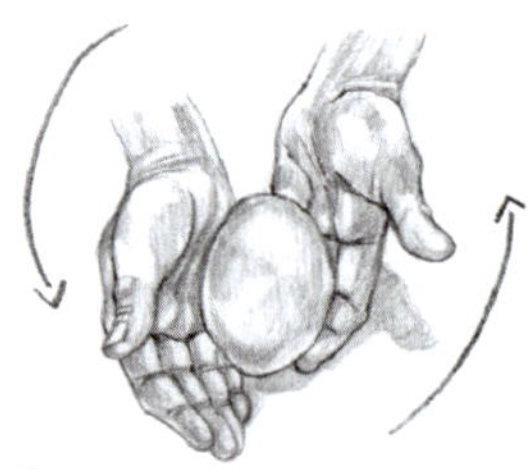

4
Den Teig umdrehen und zwischen den Handflächen behutsam rund rollen. Die restlichen Stücke ebenso rund wirken.

PIZZATEIG MIT SAUERTEIG

ERGIBT 4 PIZZEN . 15 STUNDEN . ARBEITSAUFWAND 1 VON 5

Sie möchten am Freitagabend Weizen- oder Roggensauerteigpizza essen? Dann müssen Sie am Donnerstagabend Ihren Sauerteig füttern (s. S. 156), am Freitagmorgen den Teig anrühren, zu Kugeln formen und den Tag über im Kühlschrank gehen lassen.

WEIZENSAUERTEIG
25 g Weizensauderansatz (s. S. 157)
150 g Weizenmehl (Type 550)

Für den Weizenteig:
2 EL Olivenöl, plus mehr zum Arbeiten
12 g Salz
6 g Zucker
450 g Weizenmehl (Type 550), plus mehr zum Arbeiten

ROGGENSAUERTEIG
25 g Roggensaueransatz (s. S. 156)
120 g Roggenmehl (Type 1370)

Für den Roggenteig:
2 EL Olivenöl, plus mehr zum Arbeiten
12 g Salz
6 g Zucker
480 g Weizenmehl (Type 550), plus mehr zum Arbeiten

1 Für den Weizensauerteig Saueransatz, Mehl und 150 ml Wasser in einer Schüssel verrühren. Locker mit einem Deckel verschließen und den Sauerteig bei Zimmertemperatur 6–10 Stunden ruhen lassen, bis er Blasen bildet. Vom Sauerteig 25 g (2 EL) abnehmen, in ein Schraubglas füllen und im Kühlschrank für den nächsten Backtag aufbewahren.

2 Für den Weizenteig restlichen Weizensauerteig, Olivenöl, Salz, Zucker, Mehl und 250 ml Wasser in einer Schüssel kurz von Hand oder in der Rührmaschine verrühren. Den Teig mit einem Deckel oder mit Frischhaltefolie abgedeckt 45–60 Minuten ruhen lassen.

3 Für den Roggensauerteig Saueransatz, Mehl und 200 ml Wasser in einer Schüssel verrühren. Fortfahren wie in Schritt 1 beschrieben.

4 Für den Roggenteig restlichen Roggensauerteig, Olivenöl, Salz, Zucker, Mehl und 200 ml Wasser wie in Schritt 2 beschrieben verrühren und ruhen lassen.

5 Den Weizen- oder Roggenteig auf der bemehlten Arbeitsfläche in vier Stücke (à etwa 250 g) teilen. Diese rund wirken (siehe links) und auf einen Teller oder eine Platte legen. Mit etwas Olivenöl beträufeln und mit Frischhaltefolie abgedeckt im Kühlschrank etwa 8 Stunden gehen lassen. Sollen die Pizzen früher gebacken werden, den Teig einige Stunden vorher aus dem Kühlschrank nehmen und bei Zimmertemperatur gehen lassen.

KALT GERÜHRTE TOMATENSAUCE

ERGIBT ETWA 500 G (FÜR 6–8 PIZZEN) . 5 MINUTEN . ARBEITSAUFWAND 1 VON 5

Während Ihr Pizzateig aufgeht, bereiten Sie ganz fix die Tomatensauce zu. Ihr Geheimnis: Sie wird nicht gekocht, sondern nur einige Sekunden mit dem Pürierstab gemixt. Schon ist die sehr leckere Sauce fertig.

Für die Tomatensauce:
½ Zwiebel
2 Knoblauchzehen
1 Dose geschälte oder stückige Tomaten (400 g)
1 EL Tomatenmark
1 EL Olivenöl
2 TL Honig
Oregano (frisch oder getrocknet)
Salz
schwarzer Pfeffer

1 Zwiebel und Knoblauch schälen und grob hacken. Beides mit Tomaten, Tomatenmark, Olivenöl, Honig und Oregano kurz mit dem Pürierstab cremig mixen.

2 Die Sauce zuletzt mit Salz und Pfeffer abschmecken und je nach Rezept verwenden.

Mein Tipp: Frieren Sie Saucenreste für den nächsten Pizzabacktag ein – oder servieren Sie die Sauce zu Spaghetti.

PIZZABODEN FORMEN

Mit dieser Technik wird ein hauchdünner Pizzaboden zum Kinderspiel.

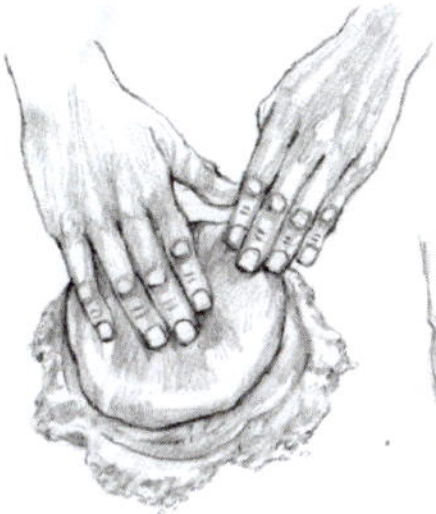

1
Ein Teigstück in reichlich Mehl wenden und mit den Händen zu einem Kreis (15 cm Ø) flach drücken.

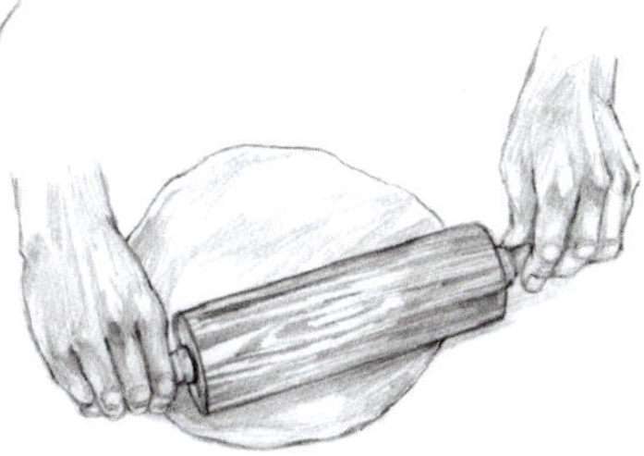

2
Den Kreis mit dem Teigroller weiter bis 30 cm Ø ausrollen. Dabei mehrmals wenden und die Arbeitsfläche wieder bemehlen.

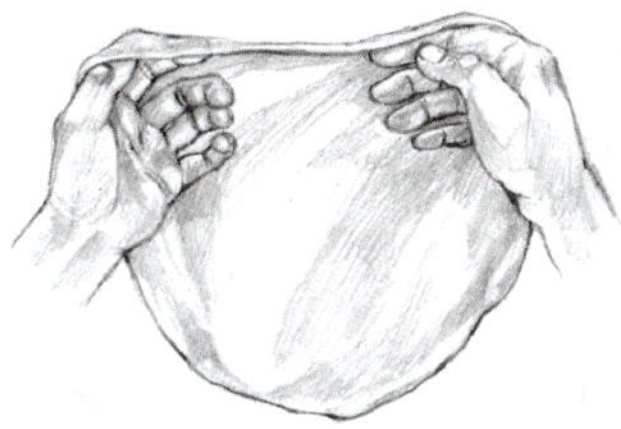

3
Den Teig über die gewölbten Handflächen legen und behutsam weiter auseinanderziehen.

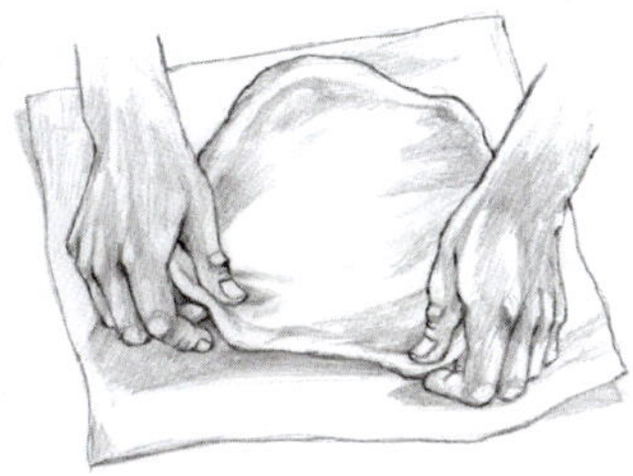

4
Den Pizzaboden auf ein mit Backpapier belegtes Backblech geben und nach Belieben belegen.

PIZZA BACKEN

Pizza gelingt in einem richtig heißen Backofen am besten. Ein gewöhnlicher Pizzaofen erreicht Temperaturen von über 300 °C, ein Holzbackofen sogar bis zu 500 °C. Beim häuslichen Backofen dagegen muss man sich damit zufriedengeben, die höchstmögliche Temperatur einzustellen.

Wahre Wunderwerke vollbringt hier jedoch ein Pizzastein (Brotbackstein, s. S. 234). Er speichert die Hitze, wodurch die Pizza rasch gart und schön bräunt. Ich lege den Pizzastein immer in die Mitte des Backofens und heize den Ofen dann auf höchste Temperatur vor. Vielleicht bietet Ihr Ofen ja die Möglichkeit, dabei zusätzlich Heißluft- und/oder Grillfunktion oder die Pizzastufe einzustellen. Alternativ können Sie auf ein vorgeheiztes Backblech ausweichen. Am besten bereitet man die Pizza auf einem Bogen Backpapier vor und schiebt sie dann mithilfe eines Tabletts oder Schneidebretts auf das Blech. Ich backe meine Pizza immer gut durch (5–7 Minuten). Sie ist fertig, wenn die Unterseite leicht gebräunt ist.

BELAG

Eine perfekte Pizza besitzt neben einem dünnen Boden und einer dünnen Schicht Tomatensauce auch einen dünn geschnittenen Belag. Hauchdünn geschnitten können Sie eigentlich alles auf Ihre Pizza legen, zum Beispiel rohe Kartoffeln, Wurzelgemüse, Fenchel, Spargel oder Zwiebeln. Hier meine besten Tipps zum Belegen:

1 Wenn Sie keine Mandoline besitzen, leihen Sie sich die vom Nachbarn (nicht das Streichinstrument, sondern den gleichnamigen Gemüsehobel, mit dem hauchdünne Scheiben gelingen).

2 Kaufen Sie guten Aufschnitt! Statt einen Berg billigen Schinken auf die Pizza zu häufen, bitten Sie lieber im Feinkostgeschäft um hauchdünn aufgeschnittene Wurstwaren. Da eine Pizza rasch bedeckt ist, hält sich der Preis dabei in Grenzen.

3 Überfrachten Sie die Pizza nicht mit zu vielen verschiedenen Belägen, sondern beschränken Sie sich auf zwei bis drei.

4 Seien Sie kreativ! Im Grunde ist eine Pizza nichts anderes als ein gebackenes belegtes Brot und kann somit unendlich variiert werden.

5 Legen Sie nicht alle Zutaten sofort auf die Pizza. Luftgetrockneter Schinken oder Räucherlachs werden erst nach dem Backen aufgelegt.

KÄSE

Als Pizzakäse verwende ich immer zwei verschiedene Käsesorten: Für den klassischen Pizzageschmack wähle ich Butterkäse oder alternativ schwedischen Gräddost. Beide schmelzen gut und schmecken mild-säuerlich. Dazu kommt noch frischer Mozzarella, den es als Kuhmilch- und Büffelmilchvariante gibt. Büffelmilchmozzarella ist etwas teurer, er schmeckt jedoch auch feiner. Soll der Mozzarella auf der Pizza die Hauptrolle spielen, ist Büffelmilchmozzarella immer die bessere Wahl. Ansonsten reicht Kuhmilchmozzarella vollkommen aus. Bei mir liegt der Käse auf der Tomatensauce, also unter dem Belag – es sei denn, der Belag ist so dünn, dass er beim Backen eventuell austrocknet.

Mozzarella, insbesondere Büffelmilchmozzarella, enthält oft recht viel Flüssigkeit. Deshalb zerreibe ich den Käse zuerst zwischen den Fingern und lasse ihn eine Weile auf Küchenpapier abtropfen. Für eine große Pizza benötigen Sie etwa 100 g Mozzarella.

Für eine weiße Pizza (ohne Tomatensauce) bestreiche ich den Boden mit Ricotta. Das schmeckt köstlich zum Beispiel mit Räucherlachs, der erst nach dem Backen aufgelegt wird. Auf Dessert-Pizzen dagegen streiche ich den fettreichen, cremigen Mascarpone.

PIZZABELÄGE KLASSISCH

Sardellen

Tomatensauce
Mozzarella
Sardellenfilets
kleine Oliven

Kartoffeln

Tomatensauce
Mozzarella
dünne Kartoffelscheiben
frischer Rosmarin

Bresaola

Tomatensauce
Bresaola
frische Kirschtomaten
Mozzarella
frisches Basilikum

Feta + Aubergine

Tomatensauce
Mozzarella
hauchdünne Auberginenscheiben
dünne Paprikaringe (am besten in verschiedenen Farben)
Feta (Schafskäse)

PIZZABELÄGE INTERNATIONAL

Pancetta + Portobello

Tomatensauce
Mozzarella
dünne Pancettascheiben
dünne Portobelloscheiben
Riesenchampignons (nach Belieben)

Paprika + rosa Pfeffer

Tomatensauce
Mozzarella
hauchdünne rote Zwiebelscheiben
dünne Paprikaringe (in verschiedenen Farben)
rosa Pfefferbeeren
einige Tropfen Zitronensaft (mit dem rosa Pfeffer nach dem Backen auf die Pizza geben)

Knoblauch + Rucola

Tomatensauce
Mozzarella
hauchdünne Knoblauchscheiben
Rucola
Olivenöl
Salz und Pfeffer
(Rucola, Öl, Salz und Pfeffer nach dem Backen auf die Pizza geben)

Chorizo

Tomatensauce
geriebener Butterkäse
Chorizo (oder andere scharfe Hartwurst)
frische Chiliringe

DESSERT-PIZZEN

Für eine etwa 10 cm große Pizza benötigen Sie ungefähr 30 g Teig. Ein Rezept Pizzateig ergibt also 8 Minipizzen. Der Boden wird zuerst mit einer Schicht Mascarpone bestrichen, dann folgt der gewünschte Belag, zum Beispiel:

Pizza Gino

Mascarpone
Erdbeerscheiben
Bananenscheiben
Kiwischeiben
grob gehackte weiße Schokolade
einige Tropfen Zitronensaft (nach dem Backen)

Walnuss + Blauschimmelkäse

Mascarpone
Walnusskerne
Blauschimmelkäse
Pflaumenkonfitüre (nach dem Backen)

Apfel + Passionsfrucht

Mascarpone
dünne Apfelscheiben
Passionsfrucht (nach dem Backen)
Puderzucker (nach dem Backen)

APROPOS ...

PIZZA VOM BLECH

Meine Pizzateige sind ideal für große, dünne Böden mit hauchdünn geschnittenem Belag, die nur kurz in einem höllisch heißen Ofen gebacken werden – eben Pizza wie aus einer guten italienischen Pizzeria.

Wenn Sie jedoch lieber eine klassische Blechpizza mit dickerem Boden und mehr Belag zubereiten möchten, verwenden Sie dafür einen meiner Brotteige. Martins Sauerteigbrot ohne Kneten (s. S. 162) oder das helle Brot (s. S. 16) sind perfekt als Boden für eine Pizza vom Blech.

Und so geht's: Bereiten Sie den Teig wie im Rezept beschrieben zu. Dann formen Sie ihn aber nicht zu einem Laib, sondern legen ihn auf ein geöltes Backblech und drücken ihn vorsichtig bis in die Ecken. Den Pizzaboden lassen Sie etwa 20 Minuten gehen, dann können Sie ihn nach Belieben belegen. Für eine solche Pizza ist eine Backofentemperatur von 225 °C ausreichend, die Backzeit beträgt allerdings 20–25 Minuten.

KNÄCKE

BROTE

WEICHES TUNNBRÖD

ERGIBT 8 BROTE . 2 STUNDEN . ARBEITSAUFWAND 3 VON 5

Tunnbröd (Dünnbrot) ist ein dünnes Fladenbrot aus dem Norrland, dem nördlichen Teil Schwedens. Es ist noch flacher als Knäckebrot und wird in einer weichen und einer harten Variante hergestellt. Das weiche Tunnbröd kann entweder in der Pfanne oder auf einem Brotbackstein beziehungsweise einem vorgeheizten Backblech im Ofen gebacken werden. Eine besonders schnelle Tunnbröd-Variante ist das Pfannenbrot (s. S. 149).

Für den Teig:

1½ TL Fenchelsamen
1½ TL Anissamen
12 g frische Hefe
25 g Butter
350 ml kalte Milch
30 g Zucker
6 g Salz
270 g Weizenmehl (Type 1050), plus mehr zum Arbeiten
180 g Roggenmehl (Type 1150)

Haltbarkeit und Lagerung

Die Brote in einem Frischhaltebeutel aufbewahren, so bleiben sie 2–3 Tage weich. Weiches Tunnbröd lässt sich auch gut tiefkühlen.

1 Fenchel und Anis im Mörser fein zerstoßen. Dann mit Hefe, Butter, Milch, Zucker, Salz und beiden Mehlsorten in einer Schüssel kurz von Hand oder in der Rührmaschine zu einem Teig verrühren. Dabei jedoch nicht kneten. Den Teig mit einem Deckel oder mit Frischhaltefolie abgedeckt etwa 1 Stunde gehen lassen.

2 Mindestens 30 Minuten vor dem Backen den Backofen auf 250 °C vorheizen. Dabei den Brotbackstein oder ein Backblech (Mitte) mit vorheizen. Alternativ eine trockene Pfanne bei mittlerer bis starker Hitze heiß werden lassen.

3 Den Teig leicht mit Mehl bestäuben, ein Teigstück (etwa 6 cm Ø) abnehmen und zu einer Kugel formen. Diese auf der großzügig bemehlten Arbeitsfläche zuerst zu einem Fladen (10–15 cm Ø) auseinanderdrücken, dann 1–2 mm dick ausrollen. Mit einem genoppten Teigroller oder mit einer Gabel ein Lochmuster eindrücken.

4 Den Fladen auf den Brotbackstein oder das Backblech schieben und im Ofen etwa 3 Minuten backen, bis er leicht Farbe annimmt. Alternativ den Fladen in der Pfanne von jeder Seite einige Minuten backen. Den Fladen mit einem Geschirrtuch bedeckt auf einem Gitter abkühlen lassen. Mit dem restlichen Teig wiederholen.

HARTES TUNNBRØD

ERGIBT 8 BROTE . 2 STUNDEN . ARBEITSAUFWAND 3 VON 5

Ich verzichte hier auf das Formen des Teigs zu Kugeln vor dem Ausrollen. Die Fladen werden dann vielleicht nicht ganz so schön rund, dafür sind die Dünnbrote aber ruck, zuck fertig. Wer einen Brotbackstein besitzt, bäckt die Brote darauf, ein vorgeheiztes Backblech leistet aber ebenso gute Dienste. Um die Fladen in den Ofen zu schieben, benötigen Sie eine Backschaufel (alternativ ein Schneidebrett oder eine feste Pappe). Dieses Brot ist ungewürzt, verfeinern Sie es aber ruhig noch mit Kümmel, Anis oder Fenchel.

Für den Teig:

¼ Würfel frische Hefe (10 g)
250 ml kalte Milch
10 g Butter
8 g dunkler Muscovado- oder Farinzucker
6 g Salz
300 g Dinkelmehl (Type 630) oder Weizenmehl (Type 405), plus mehr zum Arbeiten
50 g Dinkelvollkornmehl

Haltbarkeit und Lagerung

Die Brote in einem gut schließenden Behälter aufbewahren. So sind sie lange haltbar.

1 Hefe, Milch, Butter, Zucker, Salz und beide Mehlsorten in einer Schüssel kurz von Hand oder in der Rührmaschine zu einem Teig verrühren. Dabei jedoch nicht kneten. Den Teig mit einem Deckel oder mit Frischhaltefolie abgedeckt etwa 1 Stunde gehen lassen.

2 Mindestens 30 Minuten vor dem Backen den Backofen auf 250 °C vorheizen. Dabei den Brotbackstein oder ein Backblech (Mitte) mit vorheizen.

3 Den Teig leicht mit Mehl bestäuben und ein Teigstück (etwa 6 cm Ø) abnehmen. Dieses auf der großzügig bemehlten Arbeitsfläche zuerst leicht auseinanderdrücken, dann 1–2 mm dick ausrollen. Mit einem genoppten Teigroller oder mit einer Gabel ein Lochmuster eindrücken.

4 Den Fladen auf den Brotbackstein oder das Backblech schieben und im Ofen etwa 3 Minuten backen, bis er leicht Farbe annimmt. Auf einem Gitter abkühlen lassen. Mit dem restlichen Teig wiederholen.

GERSTENKNÄCKE

ERGIBT 8 RUNDE KNÄCKEBROTE . 10 STUNDEN . ARBEITSAUFWAND 3 VON 5

Das Ausrollen und Backen des Teigs für Gerstenknäcke dauert seine Zeit, doch das hat fast etwas Meditatives. Wie die meisten Knäckebrote schmeckt auch dieses sehr dünn ausgerollt am besten. Wer mag, drückt mit einem genoppten Teigroller gleich noch ein Muster hinein.

Für den Teig:
5 g Hefe
175 ml kalte Milch
25 g Honig
150 g Gerstenmehl, plus mehr zum Arbeiten
50 g Roggenmehl (Type 1370)
50 g Weizenmehl (Type 550)
6 g Salz
½ TL Kümmelsamen

Haltbarkeit und Lagerung

Die Knäckebrote in einem gut schließenden Behälter aufbewahren. So sind sie lange haltbar.

1 Hefe, Milch, Honig, alle Mehlsorten, Salz und Kümmel in einer Schüssel kurz von Hand oder in der Rührmaschine zu einem Teig verrühren. Dabei jedoch nicht kneten. Den Teig mit einem Deckel oder mit Frischhaltefolie abgedeckt 8–10 Stunden gehen lassen.

2 Mindestens 30 Minuten vor dem Backen den Backofen auf 200 °C vorheizen.

3 Den Teig auf der bemehlten Arbeitsfläche in acht Stücke teilen. Diese zu Kugeln formen, mit den Händen leicht flach drücken und dann etwa 1 mm dick ausrollen.

4 Ein Backblech mit Backpapier belegen. Je zwei Fladen nebeneinander darauflegen und im Ofen (Mitte) 5–10 Minuten backen, bis sie schön gebräunt sind. Gegen Ende der Backzeit darauf achten, dass sie nicht verbrennen. Auf einem Gitter abkühlen lassen.

HONIGKNÄCKE

ERGIBT 8 RUNDE KNÄCKEBROTE . 10 ODER 5 STUNDEN . ARBEITSAUFWAND 3 VON 5

Für den Teig:
5 g frische Hefe
175 ml kalte Milch
40 g Honig
100 g Dinkelvollkornmehl
100 g Roggenmehl (Type 1370), plus mehr zum Arbeiten
50 g Weizenmehl (Type 550)
6 g Salz

Haltbarkeit und Lagerung
Die Knäckebrote in einem gut schließenden Behälter aufbewahren. So sind sie lange haltbar.

1 Hefe, Milch, Honig, alle Mehlsorten und Salz in einer Schüssel kurz von Hand oder in der Rührmaschine zu einem Teig verrühren. Dabei jedoch nicht kneten. Den Teig mit einem Deckel oder mit Frischhaltefolie abgedeckt 8–10 Stunden gehen lassen. (Wird die Hefemenge verdoppelt, den Teig 3 Stunden gehen lassen.)

2 Mindestens 30 Minuten vor dem Backen den Backofen auf 200 °C vorheizen.

3 Den Teig auf die bemehlten Arbeitsfläche geben und in acht Stücke teilen. Diese zu Kugeln formen, mit den Händen leicht flach drücken und dann etwa 1 mm dick ausrollen.

4 Ein Backblech mit Backpapier belegen. Je zwei Fladen nebeneinander darauflegen und im Ofen (Mitte) 5–10 Minuten backen, bis sie schön gebräunt sind. Gegen Ende der Backzeit darauf achten, dass sie nicht verbrennen. Auf einem Gitter abkühlen lassen.

Mein Tipp: Noch besser gelingt das Knäckebrot, wenn Sie es auf einem heißen Brotbackstein backen.

Die Idee für dieses Rezept habe ich von Jan Hedh bekommen, der sich wiederum von Erik Olofson, dem Bäcker der Steinofenbäckerei Rute auf Gotland, hat inspirieren lassen. Er ist mein großes Vorbild, denn fast alles, was in Schweden mit gutem Brot zu tun hat, lässt sich auf Olofson zurückführen. Dieses Knäckebrot schmeckt am besten, wenn der Teig richtig lange gehen kann. Wer es aber eilig hat, verdoppelt die Hefemenge einfach – und kommt wesentlich schneller ans Ziel.

SAUERTEIGKNÄCKE

ERGIBT 4 BACKBLECHE . 17 STUNDEN . ARBEITSAUFWAND 3 VON 5

Das beste Partyknäcke der Welt wird mit Sauerteig gebacken. Planen Sie deshalb etwas mehr Zeit ein. Bestreuen Sie den Teig mit Ihren Lieblingsgewürzen, bei mir sind das Anis, Kümmel, Meersalzflocken und Pfeffer, Sesam, Schwarzkümmel, Mohn oder auch mal gar keines. Damit die Gewürze haften bleiben, wird der Teig zuvor mit Wasser bestrichen.

Für den Sauerteig:
25 g Roggensaueransatz (s. S. 156)
40 g Roggenmehl (Type 1370)

Für den Teig:
250 g Roggenmehl (Type 1370), plus mehr zum Arbeiten
175 g Weizenmehl (Type 550)
15 g Honig
6 g Salz
Gewürze und Saaten zum Bestreuen (nach Belieben)

Haltbarkeit und Lagerung

Die Knäckebrote in einem gut schließenden Behälter aufbewahren. So sind sie lange haltbar.

1 Für den Sauerteig Saueransatz, Mehl und 75 ml Wasser in einer Schüssel verrühren. Den Ansatz mit einem Deckel oder mit Frischhaltefolie abgedeckt 8–10 Stunden ruhen lassen, bis er Blasen bildet. Vom Sauerteig 25 g (2 EL) abnehmen, in ein Schraubglas füllen und im Kühlschrank für den nächsten Backtag aufbewahren.

2 Für den Teig restlichen Sauerteig, beide Mehlsorten, Honig, Salz und 250 ml kaltes Wasser in einer Schüssel kurz von Hand oder in der Rührmaschine zu einem Teig verrühren. Den Teig mit einem Deckel oder mit Frischhaltefolie abgedeckt etwa 8 Stunden gehen lassen, bis er sein Volumen fast verdoppelt hat.

3 Mindestens 30 Minuten vor dem Backen den Backofen auf 200 °C vorheizen.

4 Den Teig auf der bemehlten Arbeitsfläche vierteln. Jedes Viertel zu einem Rechteck (20 × 30 cm) ausrollen und auf einen Bogen Backpapier legen. Die Rechtecke darauf weiter bis auf Backblechgröße ausrollen.

5 Die Rechtecke nach Belieben mit etwas Wasser besprühen oder bepinseln und mit Gewürzen und Saaten bestreuen. Mit einem Teigrädchen oder einem Messer in Streifen, Rauten oder Quadrate schneiden. Dabei jeder Würzung eine eigene Form zuweisen. Zuletzt mit einer Gabel ein Muster einstechen.

6 Ein Rechteck auf ein Backblech ziehen und im Ofen (Mitte) 5–10 Minuten backen, bis das Brot schön gebräunt ist. Auf einem Gitter abkühlen lassen. Die restlichen Rechtecke ebenso backen.

APROPOS ...

MEHL

Die Verwendung von möglichst unverarbeiteten Zutaten aus regionaler Produktion liegt sehr im Trend, auch in Bezug auf Mehl. In Deutschland gibt es zahlreiche kleine Mühlen, die lokal angebautes Getreide, oftmals alte Sorten, vermahlen.

In diesem Zusammenhang müssen Sie jedoch beachten, dass dieses recht naturbelassene Mehl unter Umständen anders reagiert als Mehl aus dem Supermarkt. Zudem ist es nicht für jede Art von Brot geeignet. Drehen Sie daher den Spieß einfach um und lassen Sie das Mehl entscheiden, zu welchem Brot es werden will. Wie das geht? Wählen Sie ein Rezept, das Sie bereits ausprobiert haben, und passen Sie die Zubereitung nach und nach an die Eigenschaften des Mehls an. Wenn der Teig beispielsweise zu sehr auseinanderläuft, versuchen Sie ihn nach dem Formen 20–30 Minuten ruhen zu lassen und dann erneut zu formen. Auf diese Weise baut der Teig eine schöne Spannung auf. Sie können den Teig während des Gehens auch falten (s. S. 15).

BROT AUF

DIE SCHNELLE

SCONES

ERGIBT 10–12 KLEINE SCONES . 20 MINUTEN . ARBEITSAUFWAND 1 VON 5

Diese schlichten Scones schmecken pur ganz wunderbar. Man kann sie vor dem Backen noch mit Milch bestreichen und mit etwas Rohzucker bestreuen, dann werden sie schön knusprig. Statt Joghurt passen auch Buttermilch oder Milch in den Teig.

Für den Teig:
240 g Weizenmehl (Type 405), plus mehr zum Arbeiten
3 g Salz
1 ½ TL Backpulver
150–175 g Joghurt, Buttermilch oder Milch
50 g Butter

Außerdem:
runder Ausstecher oder Glas (5 cm Ø)

Haltbarkeit und Lagerung
Die Scones schmecken ofenfrisch am besten. Reste in 1 cm dicke Scheiben schneiden und 45 Minuten im auf 100 °C vorgeheizten Backofen zu Zwieback rösten.

1 Den Backofen auf 250 °C vorheizen. Ein Backblech mit Backpapier belegen.

2 Mehl, Salz und Backpulver in einer Schüssel mischen. Den Joghurt zugeben und die Butter mit einem Käsehobel dazuhobeln. Dann alles mit den Händen zu einem nicht zu festen Teig vermischen.

3 Den Teig auf die bemehlte Arbeitsfläche geben, mit etwas Mehl bestäuben und zu einem 2 cm dicken Fladen flach drücken. Mit dem Ausstecher zehn bis zwölf Kreise ausstechen und auf das Backblech legen.

4 Die Scones im Ofen (Mitte) 10–15 Minuten goldbraun backen. Herausnehmen und ofenwarm servieren.

Mein Tipp: Falls Sie in der Küche nur wenig Platz haben, sparen Sie sich das Ausstechen und setzen Sie den Teig als Bällchen aufs Blech.

APFEL-SCONES

ERGIBT 8–10 KLEINE SCONES . 30 MINUTEN . ARBEITSAUFWAND 1 VON 5

Sehr einfach, aber sehr lecker – diese fruchtigen Scones sind schnell gebacken. Zur Abwechslung schmecken sie auch mit Birne statt mit Apfel.

Für den Teig:
1 Apfel
20 g Honig
1 EL gemahlener Zimt
240 g Weizenmehl (Type 550)
3 g Salz
1½ TL Backpulver
175 g milder Joghurt
50 g Butter

Haltbarkeit und Lagerung
Am besten schmecken die Scones ofenfrisch. Reste in einem Frischhaltebeutel aufbewahren und am Folgetag 10 Minuten im auf 150 °C vorgeheizten Backofen aufbacken.

1 Den Backofen auf 250 °C vorheizen. Ein Backblech mit Backpapier belegen.

2 Den Apfel schälen, das Kerngehäuse ausstechen und den Apfel in Scheiben schneiden. Diese grob hacken. Apfelstücke, Honig und Zimt in einer Schüssel verrühren.

3 Mehl, Salz und Backpulver in einer zweiten Schüssel mischen. Den Joghurt zugeben und die Butter mit einem Käsehobel dazuhobeln. Dann alles mit den Händen zu einem Teig vermischen. Die Apfelstücke vorsichtig untermischen.

4 Vom Teig golfballgroße Stücke abnehmen und auf das Backblech setzen. Die Scones im Ofen (Mitte) 10–15 Minuten goldbraun backen. Herausnehmen und ofenwarm servieren.

ROGGEN-SCONES

ERGIBT 8–10 KLEINE SCONES . 30 MINUTEN . ARBEITSAUFWAND 1 VON 5

Roggen-Scones sind etwas reichhaltiger und sättigen besser. Wenn Sie keine Roggenflocken bekommen, verwenden Sie einfach Dinkel- oder Haferflocken.

Für das Brühstück:
50 g Roggenflocken

Für den Teig:
145 g Weizenmehl (Type 1050)
95 g Roggenmehl (Type 1150)
3 g Salz
1½ TL Backpulver
100 g Joghurt
50 g Butter
Roggenflocken zum Bestreuen

Haltbarkeit und Lagerung
Am besten schmecken die Scones ofenfrisch.

1 Für das Brühstück die Roggenflocken mit 100 ml kochend heißem Wasser in einer Schüssel verrühren und 15 Minuten quellen lassen.

2 Den Backofen auf 250 °C vorheizen. Ein Backblech mit Backpapier belegen.

3 Für den Teig beide Mehlsorten, Salz, Backpulver und Joghurt zum Brühstück geben. Die Butter mit einem Käsehobel dazuhobeln, dann alles mit den Händen zu einem nicht zu festen Teig vermischen.

4 Vom Teig golfballgroße Stücke abnehmen und auf das Blech setzen. Die Scones mit den Roggenflocken bestreuen und im Ofen (Mitte) 10–15 Minuten goldbraun backen. Herausnehmen und ofenwarm servieren.

SCHNELLES PFANNENBROT

ERGIBT 6 BROTE . 45 MINUTEN . ARBEITSAUFWAND 2 VON 5

Dieses blitzschnelle Fladenbrot mit Natron ist ideal, wenn Sie vergessen haben, einen Hefeteig anzusetzen. Im Gegensatz zu anderen Pfannenbroten muss es nicht hauchdünn ausgerollt werden – eine Stärke von 2 mm ist perfekt, denn die Brote gehen in der Pfanne noch auf. Wer mag, drückt nach dem Ausrollen mit einem genoppten Teigroller ein Muster in die Fladen, aber das ist kein Muss.

Für den Teig:
1 TL Fenchelsamen
1 TL Anissamen
220 g Weizenmehl (Type 1050), plus mehr zum Arbeiten
140 g Roggenmehl (Type 1150)
6 g Salz
½ TL Natron
250 g Buttermilch oder Schwedenmilch
100 g heller Zuckerrübensirup

Haltbarkeit und Lagerung

Die Brote schmecken pfannenfrisch am besten. In einem Frischhaltebeutel halten sie sich auch bis zum Folgetag.

1 Fenchel und Anis im Mörser zerstoßen. Dann mit beiden Mehlsorten, Salz und Natron in einer Schüssel mischen. Buttermilch und Sirup dazugießen und alles von Hand oder in der Rührmaschine zu einem Teig verrühren.

2 Eine trockene Pfanne bei mittlerer bis starker Hitze heiß werden lassen.

3 Den Teig leicht mit Mehl bestäuben, ein Teigstück (etwa 6 cm Ø) abnehmen und zu einer Kugel formen. Diese auf der bemehlten Arbeitsfläche zuerst mit der Hand leicht flach drücken, dann zu einem Fladen (15–20 cm Ø) ausrollen. Dabei mehrmals wenden, damit der Teig nicht festklebt.

4 Überschüssiges Mehl abschütteln, den Fladen in die Pfanne legen und von jeder Seite etwa 30 Sekunden backen. Dabei soll der Fladen kaum Farbe annehmen.

5 Das Brot herausnehmen und auf einem Gitter abkühlen lassen. In der Pfanne verbliebenes Mehl vorsichtig mit Küchenpapier entfernen. Den restlichen Teig ebenso formen und backen.

SCHNELLES KÖRNER-NUSS-BROT

ERGIBT 1 KASTENBROT . 2 ½ STUNDEN . ARBEITSAUFWAND 1 VON 5

Bei diesem Rezept lässt Natron in Verbindung mit Buttermilch das Brot beim Backen schön aufgehen. Der Teig muss nicht gehen, sondern wird nur verrührt, in die Form gefüllt und in den Ofen geschoben. Das Geheimnis dieser Köstlichkeit sind jede Menge Nüsse und Saaten, viel Sirup und ein sehr weicher Teig.

Für den Teig:
250 g Weizenmehl (Type 550)
75 g Dinkelvollkornmehl oder Grahammehl
75 g Roggenmehl (Type 1370), plus mehr zum Bestäuben
6 g Salz
25 g Sonnenblumenkerne
30 g Kürbiskerne
30 g Leinsamen (ganz oder geschrotet)
25 g Rosinen
1 TL Natron
500 g Buttermilch oder Schwedenmilch
100 g dunkler Zuckerrübensirup
20 g Walnusskerne

Außerdem:
Kastenform (1½ l Inhalt)
Butter für die Form

Haltbarkeit und Lagerung
Das Brot hält sich problemlos 4–5 Tage. Im Frischhaltebeutel aufbewahren.

1 Den Backofen auf 175 °C vorheizen. Die Kastenform mit der Butter einfetten.

2 Alle Mehlsorten, Salz, Kerne, Leinsamen, Rosinen, Natron, Buttermilch und Sirup in einer Schüssel von Hand oder in der Rührmaschine zu einem weichen Teig verrühren. Zuletzt die Walnüsse unterrühren (werden sie vorher zugegeben, bleibt das Mehl an ihnen haften).

3 Den Teig in die Form füllen und glatt streichen. Mit etwas Roggenmehl bestäuben und das Brot im Ofen (2. Schiene von unten) 2 Stunden backen. Wird das Brot zu dunkel, mit Alufolie abdecken.

4 Das Brot aus der Form lösen, in ein Geschirrtuch wickeln und auf einem Gitter 2 Stunden abkühlen lassen. Dann anschneiden.

SAUER TEIG BROTE

ÜBER SAUERTEIGBROT

Das Backen mit Sauerteig kann man im Grunde als zwei getrennte Projekte betrachten: Beim ersten wird der Sauerteig angesetzt, beim zweiten wird damit gebacken. Und wenn das erste, etwas knifflige Projekt erledigt ist, läuft das zweite fast von selbst. Für den Ansatz von Sauerteig und für das Backen damit gibt es verschiedene Methoden. Auf den folgenden Seiten erkläre ich die Methode, mit der ich arbeite.

Das Wichtigste ist ein AKTIVER Sauerteig!

Die wichtigste Voraussetzung für das Gelingen von Sauerteigbrot ist ein frischer, aktiver Sauerteig. Da kann das Mehl noch so erlesen, die Rührmaschine noch so edel sein oder das Brot im holzbefeuerten Steinbackofen gebacken werden – wenn Ihr Sauerteig nicht fit ist, nützt das alles nichts. Für Sauerteig benötigen Sie nur drei Zutaten: Mehl, Wasser und Zeit. Mehl und Wasser werden vermischt, dann stellt man den Ansatz einige Tage beiseite. In dieser Zeit entwickeln sich die natürlich im Mehl vorhandenen Mikroorganismen.

Im Sauerteig wirken zwei Kräfte: die Säure (Milchsäurebakterien), die dem Brot seine säuerliche Note verleiht, und Hefen, die das Brot aufgehen lassen. Für ein gutes Brot müssen diese beiden Kräfte im Gleichgewicht sein. Ist der Sauerteig noch zu unreif, entwickelt der Teig weder Volumen noch Geschmack. Ist er jedoch schon zu reif und damit zu sauer, geht der Sauerteig nicht richtig auf, und auch das Brot wird viel zu sauer. Glücklicherweise hat Sauerteig die Eigenschaft, selbst die richtige Balance zu schaffen. Man muss ihm dabei nur ein wenig unter die Arme greifen und ihn regelmäßig mit Mehl und Wasser »füttern«. Ein frischer Ansatz sollte möglichst mehrmals pro Woche gefüttert werden. Nach einiger Zeit reicht es dann, den Sauerteig im Abstand von ein paar Wochen aufzufrischen. Ich bewahre meinen Ansatz übrigens immer im Kühlschrank auf, nicht wie andere Brotbäcker bei Zimmertemperatur.

Backen mit Sauerteig ist bei weitem nicht so kompliziert, wie es scheint – und wie es manchmal erzählt wird. Bleiben Sie einfach gelassen und geben Sie dem Teig die Zeit, die er braucht. Nach ein paar Versuchen sollten Sie Ihre Sauerteig-Diva eigentlich im Griff haben.

Der erste Schritt auf dem Weg zum Sauerteigbrot ist also der Sauerteigansatz, auch Starterkultur oder Anstellgut genannt. Sie können ihn selbst anrühren oder ihn sich von einem netten Bäcker oder einem Freund schenken lassen.

GRUNDREZEPT ROGGENSAUERANSATZ

Ideale Grundzutat zum Ansetzen von Sauerteig ist ein in der Steinmühle gemahlenes, nicht zu altes Bio-Roggenmehl. Im Sommer ist die Temperatur kein Problem, in der kalten Jahreszeit jedoch sollte der Ansatz an einen bis zu 25 °C warmen Ort gestellt werden. Ideal ist beispielsweise der Oberschrank über dem Kühlschrank, wo es immer etwas wärmer ist. Außerdem ist Geduld gefragt. Auch wenn im Rezept steht, dass der Sauerteig vier bis fünf Tage braucht, kann er sich manchmal bis zu einer Woche Zeit nehmen.

UND SO GEHT'S:

TAG 1

In einem Schraub- oder Einmachglas 1 EL Roggenmehl mit 2 EL lauwarmem Wasser verrühren. Den Deckel locker auflegen und den Ansatz bei Zimmertemperatur (oder etwas wärmer) reifen lassen.

TAG 2

Es gibt nichts zu tun, Sie können aber mal am Ansatz schnuppern. In diesem Stadium riecht er meist noch süßlich wie Honig.

TAG 3

Jetzt 1 EL Roggenmehl unterrühren. Den Deckel wieder auflegen und den Ansatz weiter reifen lassen.

TAG 4

Unter den Ansatz 2 EL Roggenmehl und 2 EL lauwarmes Wasser rühren und weitere 8–12 Stunden reifen lassen. Danach sollte er Blasen bilden.

TAG 4 ½

Der Sauerteigansatz sieht schaumig aus und duftet angenehm säuerlich. Er ist jetzt backfertig (s. S. 158). Wenn Sie nicht sofort backen möchten, frischen Sie ihn noch ein- bis zweimal auf (siehe unten).

Falls Ihr Ansatz noch keine Blasen gebildet hat, lassen Sie ihn nochmals 12 Stunden reifen und frischen Sie ihn danach erneut auf.

SAUERTEIG »AUFFRISCHEN«

Die Hälfte des Sauerteigs abgießen. Unter den Rest je 2 EL Roggenmehl und lauwarmes Wasser rühren. Den Sauerteig 8–12 Stunden ruhen lassen, bis er Blasen bildet. Sofort verwenden oder kühl stellen.

Kommt Ihr Sauerteig auch nach mehreren Versuchen nicht in Gang, fehlen dem Mehl eventuell die nötigen Mikroorganismen. Testen Sie dann eine andere Sorte. Misslingt auch dies, bitten Sie Ihren Bäcker um etwas Sauerteig.

GRUNDREZEPT WEIZENSAUERANSATZ

Das Ansetzen von Weizensauerteig ist etwas schwieriger. Damit er gelingt, schiebe ich Weizensauerteig immer mit etwas Roggensauer an. Dafür in einem Schraubglas 1 EL Roggensaueransatz mit 1½ EL lauwarmem Wasser und 2 EL Weizenmehl verrühren. Den Ansatz locker abdecken und bei Zimmertemperatur (oder etwas wärmer) 12–24 Stunden reifen lassen, bis er schaumig ist. Jetzt ist er backfertig.

*Er blubbert und schäumt?
Dann ist der Sauerteig backfertig!*

BACKEN MIT SAUERTEIG

Wenn Ihr Sauerteigansatz also munter Blasen bildet, können Sie allmählich mit dem Backen beginnen. Verrühren Sie den Ansatz dafür zuerst je nach Rezept mit Mehl und Wasser. Sobald er wieder Blasen bildet – das dauert je nach Zimmertemperatur und Tagesform des Sauerteigs 6–10 Stunden –, ist er backfertig. Jetzt nehmen Sie vom fertigen Sauerteig etwa 25 g (2 EL) ab und bewahren es für den nächsten Backtag im Kühlschrank auf. Der restliche Sauerteig kommt in Ihren Brotteig.

SCHRITT FÜR SCHRITT:

1. Den Sauerteigansatz (25 g) mit Mehl und lauwarmem Wasser (meist 100 ml Wasser und 100 g Mehl) in einer Schüssel verrühren. Locker mit einem Deckel oder Frischhaltefolie abdecken.

2. Die Mischung bei Zimmertemperatur 6–10 Stunden reifen lassen.

3. Vom Sauerteig etwa 25 g (2 EL) abnehmen, in ein Schraubglas füllen und locker abgedeckt für den nächsten Backtag im Kühlschrank aufbewahren. Mit dem restlichen Sauerteig je nach Rezept den Brotteig zubereiten.

SAUERTEIG LAGERN

Ein aktiver Sauerteigansatz hält sich im Kühlschrank problemlos eine Woche. Wenn Sie einmal pro Woche backen, bleibt er auch in Form, da er dabei jedes Mal aufgefrischt wird. Bleibt er jedoch länger ungenutzt stehen, muss er eventuell vor dem Backen aufgefrischt werden (s. S. 156). Wenn ein Urlaub ansteht, können Sie den Ansatz tiefkühlen oder trocknen (s. S. 161). Vergessen Sie aber nicht, etwas Sauerteig mit in den Urlaub zu nehmen (s. S. 205).

Je länger Sauerteig steht, desto weicher und saurer wird er. Dann ist es höchste Zeit, ein Sauerteigbrot zu backen.

FRAGEN UND ANTWORTEN ZU SAUERTEIG

ICH MÖCHTE EIN REZEPT VERDOPPELN. BRAUCHE ICH DOPPELT SO VIEL SAUERTEIGANSATZ?

Nein! Egal wie groß die Teigmenge ist, es reicht ein kleiner Klecks Sauerteigansatz. Bei einer großen Teigmenge müssen Sie nur die Ruhezeiten verlängern.

DER SAUERTEIG IST GERONNEN UND RIECHT STECHEND. MUSS ICH IHN ENTSORGEN?

Keinesfalls. Der Sauerteig wird wieder munter, wenn Sie ihn mit Mehl und Wasser füttern.

DER SAUERTEIG RIECHT KOMISCH. MUSS ICH EINEN NEUEN ANSATZ MACHEN?

Nein, wahrscheinlich nicht. Füttern Sie ihn einige Male, bis er wieder fit ist (s. S. 156). Dafür den Ansatz bis auf einen kleinen Rest abgießen, mit Mehl und Wasser verrühren und reifen lassen, bis er wieder blasig wird. Wiederholen, falls er noch nicht frisch-säuerlich riecht.

WORAN ERKENNE ICH, DASS DER SAUERTEIG AKTIV UND BACKFERTIG IST?

Füttern Sie etwas Sauerteigansatz mit Mehl und Wasser und lassen Sie ihn eine Weile etwas wärmer als Zimmertemperatur stehen. Beim Mengenverhältnis müssen Sie nicht allzu genau sein. Verrühren Sie einfach einige Esslöffel Sauerteigansatz mit etwa 100 ml lauwarmem Wasser und der gleichen Menge Mehl. Beobachten Sie, ob er zu schäumen beginnt und einen frisch-säuerlichen Duft verströmt.

KANN ICH JEDE MEHLSORTE FÜR EINEN SAUERTEIG VERWENDEN?

Ja, die meisten Mehlsorten sind geeignet. Zwar kommt der Ansatz mit Vollkornmehl am besten in Schwung, doch danach können Sie auch verschiedene feine Mehle verwenden.

KANN ICH ROGGENSAUER DURCH WEIZENSAUER ERSETZEN UND UMGEKEHRT?

Das klappt meist problemlos. Roggensauer verleiht einen säuerlicheren Geschmack als Weizensauer. Sie können einen Roggensaueransatz auch zum Ansatz eines hellen Sauerteigs verwenden und umgekehrt.

WELCHE TEMPERATUR SOLLTE DAS WASSER ZUM ANRÜHREN DES SAUERTEIGS HABEN?

Kommt ganz darauf an. Im Herbst, Winter und an kalten Frühlingstagen verwenden Sie am besten lauwarmes Wasser (25–37 °C). In der warmen Jahreszeit, wenn die Zimmertemperatur mehr als 20 °C beträgt, funktioniert auch kaltes Wasser. Dafür müssen Sie einfach ein Gefühl entwickeln.

MEIN SAUERTEIGBROT GEHT NICHT AUF, SINKT EIN, WIRD FLACH UND SCHMECKT SAUER. WAS MACHE ICH FALSCH?

Vermutlich ist der Teig zu lange gegangen und hatte im Ofen schließlich keine Triebkraft mehr (Übergare). Verkürzen Sie die Gehzeit oder lassen Sie den Teig beim nächsten Mal an einem kühleren Ort gehen. Vielleicht war der Sauerteig auch zu sauer. Das führt dazu, dass das Gluten, das dem Teig Struktur gibt, beim Backen zerfällt. Mehr Triebkraft und Stabilität bekommt der Sauerteig, wenn Sie ihn nochmals auffrischen (s. S. 156). Dafür den Sauerteig bis auf einen kleinen Rest abgießen, je 2 EL Mehl und lauwarmes Wasser unterrühren und 6–10 Stunden stehen lassen, bis er wieder Blasen bildet. Im Kühlschrank lagern, falls nicht sofort gebacken wird.

DER TEIG GEHT GUT AUF, DOCH DAS BROT HAT NICHT DEN TYPISCHEN SAUERTEIGCHARAKTER. WAS IST ZU TUN?

Ein Brot wird säuerlicher, wenn man den Teig längere Zeit an einem kühlen Ort gehen lässt. Generell gilt: Eine kurze Gehzeit bei warmen Temperaturen führt zu einem mild schmeckenden Brot, langes Gehen an einem kühlen Ort zu einem säuerlicheren Brot.

KANN ICH SAUERTEIG TROCKNEN ODER TIEFKÜHLEN?

Ja, beides ist möglich. Doch Sie müssen damit rechnen, dass es 1–2 Tage dauert, bis er wieder als Sauerteigansatz einsetzbar ist. Ich habe stets etwas getrockneten Sauerteig als Notreserve im Haus, falls ich meinen aktuellen Sauerteig mal entsorgen muss. Rühren Sie vor dem Trocknen Mehl unter, bis ein fester Teig entsteht. Diesen flach drücken und auf Back- oder Zeitungspapier trocknen lassen. Danach in Stücke brechen und in einem Schraubglas lagern. Zum Aktivieren ein 2–3 cm großes Stück in lauwarmem Wasser auflösen und mit je 1 EL Mehl und Wasser verrühren. Nach 10–20 Stunden bildet der Sauerteig wieder Blasen. Tiefgekühlten Sauerteig auftauen lassen und ebenso wieder aufwecken.

MUSS DER SAUERTEIG IN EINEM DICHT SCHLIESSENDEN BEHÄLTER GELAGERT WERDEN?

Ich lege den Deckel nur locker auf und verschließe ihn nicht ganz, andernfalls macht es später beim Öffnen des Behälters »Puff«. Viel mehr passiert aber auch nicht.

KANN MAN AUCH EINE GRÖSSERE MENGE SAUERTEIG LAGERN, DAMIT MAN IHN NICHT ZU JEDEM BACKTAG FÜTTERN MUSS?

Klar geht das. Allerdings riskieren Sie dann, dass der Sauerteig zwischen den einzelnen Backtagen recht sauer wird. Dadurch wiederum geht er schlechter auf und auch das Brot wird saurer. In allen meinen Rezepten füttere ich den Sauerteig immer 6–10 Stunden vor der Verwendung. Dann ist er zum Backen garantiert frisch und richtig schön munter.

MARTINS SAUERTEIGBROT OHNE KNETEN

ERGIBT 2 BROTE . 14 STUNDEN . ARBEITSAUFWAND 2 VON 5

Mit wenigen Arbeitsschritten zum Erfolg, bei diesem Brot kann eigentlich nichts schiefgehen. Wichtig ist, dass Ihr Sauerteigansatz munter und aktiv ist (falls nicht, lesen Sie weiter auf S. 156). Je wärmer der Teig ist, desto schneller geht er auf – bei einer hohen Zimmertemperatur müssen Sie die angegebene Gehzeit also verkürzen. Sie können übrigens bis zu einem Viertel des Weizenmehls gegen eine andere Mehlsorte austauschen, ohne dass das Backergebnis beeinträchtigt wird.

Für den Sauerteig:
25 g Roggensauеransatz (s. S. 156)
55 g Roggenmehl (Type 1370)

Für den Teig:
750 g Weizenmehl (Type 550 oder 405), plus mehr zum Arbeiten
18 g Salz

Haltbarkeit und Lagerung
Die Brote mit der Schnittseite nach unten auf einem Schneidebrett stehend lagern. So halten sie problemlos 2–3 Tage. Zum Tiefkühlen in Scheiben schneiden.

1 Für den Sauerteig Roggensauеransatz, Mehl und 100 ml Wasser in einer Schüssel verrühren. Mit einem Deckel locker abgedeckt bei Zimmertemperatur 6–10 Stunden ruhen lassen, bis der Sauerteig Blasen bildet. Vom Sauerteig 25 g (2 EL) abnehmen, in ein Schraubglas füllen und im Kühlschrank für den nächsten Backtag aufbewahren.

2 Für den Teig restlichen Sauerteig, Mehl, Salz und 500 ml Wasser in einer Schüssel kurz von Hand oder 5 Minuten in der Rührmaschine (kleine Stufe) verrühren. Den Teig mit einem Deckel oder mit Frischhaltefolie abgedeckt bei Zimmertemperatur 6–8 Stunden gehen lassen.

3 Danach den Teig auf der bemehlten Arbeitsfläche halbieren und jede Hälfte zu einem Laib falten (s. S. 15). Mit dem Schluss nach unten auf ein großzügig bemehltes Geschirrtuch legen und die Ecken des Tuchs darüberschlagen oder ein weiteres Tuch auflegen. Die Laibe 1–2 Stunden gehen lassen.

4 Mindestens 30 Minuten vor dem Backen den Backofen (nach Belieben mit Brotbackstein) auf 250 °C vorheizen. Ein Backblech mit Backpapier belegen.

5 Die Laibe auf das Backblech oder den Brotbackstein stürzen. Die Temperatur auf 230 °C reduzieren und die Brote im Ofen (Mitte) etwa 35 Minuten backen. Auf einem Gitter abkühlen lassen.

KALT GEFÜHRTES WEIZENSAUERTEIGBROT

ERGIBT 2 BROTE . 21 STUNDEN . ARBEITSAUFWAND 4 VON 5

Kalt geführt bedeutet, dass der Teig an einem kühlen Ort langsam aufgeht. Damit der klebrige Teig die nötige Spannung aufbaut, wird er auf eine spezielle Art gefaltet und zu Laiben geformt, bevor er im Kühlschrank ruhen darf. Das Weizenmehl können Sie ganz oder teilweise durch eine andere Mehlsorte, zum Beispiel durch Dinkelmehl, ersetzen.

Für den Sauerteig:
25 g Weizensaueransatz (s. S. 157)
100 g Weizenmehl (Type 550)

Für den Teig:
750 g Weizenmehl (Type 550), plus mehr zum Arbeiten
15–20 g Salz

Haltbarkeit und Lagerung

Die Brote sind einige Tage haltbar. Die schöne Kruste hält sich am besten, wenn die Brote mit der Schnittseite nach unten auf einem Schneidebrett stehend lagern. Zum Tiefkühlen in Scheiben schneiden.

1 Für den Sauerteig Weizensaueransatz, Mehl und 100 ml Wasser in einer Schüssel verrühren. Mit einem Deckel locker abgedeckt bei Zimmertemperatur 6–10 Stunden ruhen lassen, bis der Sauerteig Blasen bildet. Vom Sauerteig 25 g (2 EL) abnehmen, in ein Schraubglas füllen und im Kühlschrank für den nächsten Backtag aufbewahren.

2 Für den Teig restlichen Sauerteig, Mehl, Salz und 500 ml Wasser kurz von Hand oder 5 Minuten in der Rührmaschine (kleine Stufe) zu einem Teig verrühren. Den Teig abgedeckt 1 Stunde gehen lassen.

3 Zum Teigfalten den Teigrand mit der feuchten Hand fassen und zur gegenüberliegenden Seite ziehen. So fortfahren, bis die Runde abgeschlossen ist (s. S. 15). Den Teig abgedeckt 1 Stunde gehen lassen.

4 Den Teig nochmals wie in Schritt 3 falten und abgedeckt etwa 1 Stunde gehen lassen. (Wird eine Rührmaschine verwendet, den Teig ohne zweites Falten noch 1 Stunde ruhen lassen.)

5 Danach den Teig auf der bemehlten Arbeitsfläche halbieren und jede Hälfte rund wirken (s. S. 28). Mit dem Schluss nach unten legen und mit einem Geschirrtuch abgedeckt etwa 30 Minuten ruhen lassen.

6 Die Teigkugeln zu länglichen Laiben formen und mit dem Schluss nach unten in zwei Gärkörbe legen. Zuerst bei Zimmertemperatur 1–2 Stunden, dann im Kühlschrank 10–12 Stunden gehen lassen.

7 Mindestens 30 Minuten vor dem Backen den Ofen (nach Belieben mit Brotbackstein) auf 250 °C vorheizen. Ein Backblech mit Backpapier belegen.

8 Die Laibe auf das Backblech oder den Backstein stürzen. Die Temperatur auf 230 °C reduzieren und die Brote im Ofen (Mitte) etwa 35 Minuten backen. Auf einem Gitter abkühlen lassen.

VOLLKORNBROT OHNE KNETEN

ERGIBT 2 BROTE . 15 STUNDEN . ARBEITSAUFWAND 2 VON 5

Für den Sauerteig:
25 g Roggensaueransatz (s. S. 156)
55 g Roggenmehl (Type 1370)

Für den Teig:
250 g Weizenmehl (Type 550), plus mehr zum Arbeiten
250 g Dinkelvollkornmehl
250 g Roggenmehl (Type 1370)
15–20 g Salz

Haltbarkeit und Lagerung
Das Brot mit der Schnittseite nach unten auf einem Schneidebrett stehend lagern. So hält es sich 4–5 Tage. Zum Tiefkühlen in Scheiben schneiden.

1 Für den Sauerteig Roggensaueransatz, Mehl und 100 ml Wasser in einer Schüssel verrühren. Mit einem Deckel locker abgedeckt 6–10 Stunden ruhen lassen, bis der Sauerteig Blasen bildet. Vom Sauerteig 25 g (2 EL) abnehmen, in ein Schraubglas füllen und im Kühlschrank für den nächsten Backtag aufbewahren.

2 Für den Teig restlichen Sauerteig, alle Mehlsorten, Salz und 550 ml Wasser in einer Schüssel kurz von Hand oder 5 Minuten in der Rührmaschine (kleine Stufe) verrühren. Den Teig abgedeckt bei Zimmertemperatur 6–8 Stunden gehen lassen.

3 Danach den Teig auf der bemehlten Arbeitsfläche halbieren und jede Hälfte rund wirken (s. S. 28). Mit dem Schluss nach unten auf ein großzügig bemehltes Geschirrtuch legen und die Ecken des Tuchs darüberschlagen oder ein weiteres Tuch auflegen. Die Laibe 2–3 Stunden gehen lassen.

4 Mindestens 30 Minuten vor dem Backen den Backofen auf 250 °C vorheizen. Ein Backblech mit Backpapier belegen.

5 Die Brote auf das Backblech stürzen. Die Temperatur auf 230 °C reduzieren und die Brote im Ofen (Mitte) 35–40 Minuten backen. Auf einem Gitter abkühlen lassen.

Das Brot ist eine etwas rustikalere Variante von Martins Sauerteigbrot ohne Kneten (s. S. 162). Wenn Sie möchten, geben Sie ihm ruhig noch etwas Würze. Dafür rühren Sie zusätzlich noch 1 Teelöffel zerstoßenen Anis, Kümmel oder Fenchel mit in den Teig. Alle diese Gewürze harmonieren gut mit Roggen- und Dinkelmehl.

KAFFEE-CRANBERRY-BROT

ERGIBT 2 KASTENBROTE . 12 STUNDEN . ARBEITSAUFWAND 2 VON 5

Die Steinofenbäckerei Fabrique in Stockholm hat mich zu diesem Brot inspiriert. Ich musste die Bäcker dort einfach fragen, was diesem Brot seinen charakteristischen röstartigen Geschmack gibt. Es ist Kaffee! Ich verwende Roggenschrot für den Teig, Sie können aber auch Vierkorn- oder Weizenschrot verwenden.

Für das Brühstück:
100 g Sonnenblumenkerne
100 g Kürbiskerne
150 g getrocknete Cranberrys
50 g Leinsamen
200 g Roggenschrot (Type 1800)
500 ml heißer Kaffee
20 g Salz

Für den Sauerteig:
25 g Roggensaueransatz (s. S. 156)
165 g Roggenmehl (Type 1370)

Für den Teig:
150 g dunkler Zuckerrübensirup
200 g Roggenmehl (Type 1370), plus mehr zum Bestäuben
300 g Weizenmehl (Type 550)

Außerdem:
2 Kastenformen (à 1½ l Inhalt)
Butter für die Formen

Haltbarkeit und Lagerung
Die Brote halten sich in einem Frischhaltebeutel bis zu 1 Woche.

1 Für das Brühstück Sonnenblumen- und Kürbiskerne, Cranberrys, Leinsamen, Roggenschrot, Kaffee und Salz in einer Schüssel verrühren. Mit einem Deckel oder mit Frischhaltefolie abgedeckt bis zur Verwendung quellen lassen.

2 Für den Sauerteig Roggensaueransatz, Mehl und 300 ml Wasser in einer zweiten Schüssel verrühren. Locker abgedeckt bei Zimmertemperatur 6–10 Stunden ruhen lassen, bis der Sauerteig Blasen bildet. Vom Sauerteig 25 g (2 EL) abnehmen, in ein Schraubglas füllen und im Kühlschrank für den nächsten Backtag aufbewahren.

3 Für den Teig Brühstück, restlichen Sauerteig, Sirup und beide Mehlsorten in einer Schüssel kurz von Hand oder 5 Minuten in der Rührmaschine (kleine Stufe) verrühren. Den Teig abgedeckt bei Zimmertemperatur 3–5 Stunden gehen lassen.

4 Die Kastenformen mit der Butter einfetten und den Teig hineingeben. Leicht mit Roggenmehl bestäuben und mit einem Geschirrtuch abgedeckt nochmals etwa 1 Stunde gehen lassen, bis der Teig sein Volumen um etwa 1 cm vergrößert hat.

5 Mindestens 30 Minuten vor dem Backen den Backofen auf 250 °C vorheizen. Dabei den Ofenrost (2. Schiene von unten) mit vorheizen.

6 Die Formen auf den Rost stellen, die Temperatur auf 200 °C reduzieren und die Brote etwa 1 Stunde backen. (Nach Belieben die Brote 10 Minuten vor Backzeitende aus der Form lösen und rundum bräunen lassen.) Die Brote aus dem Ofen nehmen, gegebenenfalls noch aus der Form lösen und auf einem Gitter abkühlen lassen. Dann in Frischhaltefolie wickeln und vor dem Anschneiden einige Stunden ruhen lassen.

Mein Tipp: Die Walnüsse im Teig färben das Brot zart violett.

SAUERTEIGBROT MIT WALNÜSSEN

ERGIBT 2 BROTE . 12 STUNDEN . ARBEITSAUFWAND 2 VON 5

Auf den ersten Blick erscheint die Walnussmenge für dieses Brot ziemlich hoch. Aber damit schmeckt das Brot fantastisch und ist ein idealer Partner zu reifem Käse oder zu fruchtiger Konfitüre. Aus dem Teig können Sie auch Brötchen für den Vorrat backen und tiefkühlen. Perfekt, um sie dann an einem gemütlichen Sonntagmorgen wieder aufzutauen.

Für den Sauerteig:
25 g Roggensaueransatz (s. S. 156)
165 g Roggenmehl (Type 1150)

Für den Teig:
660 g Weizenmehl (Type 1050), plus mehr zum Arbeiten
140 g Roggenmehl (Type 1150)
25 g Salz
400 g Walnusskerne

Haltbarkeit und Lagerung
Die Brote mit der Schnittseite nach unten auf dem Schneidebrett stehend lagern. So halten sie sich problemlos 3–4 Tage. Wenn das Brot trocken wird, lässt es sich gut toasten. Zum Tiefkühlen in Scheiben schneiden.

1 Für den Sauerteig Roggensaueransatz, Mehl und 300 ml Wasser in einer Schüssel verrühren. Locker abgedeckt bei Zimmertemperatur 6–10 Stunden ruhen lassen, bis der Sauerteig Blasen bildet. Vom Sauerteig 25 g (2 EL) abnehmen, in ein Schraubglas füllen und im Kühlschrank für den nächsten Backtag aufbewahren.

2 Für den Teig restlichen Sauerteig, beide Mehlsorten, Salz und 500 ml Wasser in einer Schüssel kurz von Hand oder 5 Minuten in der Rührmaschine (kleine Stufe) verrühren. Die Walnüsse unterrühren und den Teig abgedeckt bei Zimmertemperatur 3–5 Stunden gehen lassen.

3 Den Teig auf der bemehlten Arbeitsfläche halbieren und jede Hälfte rund wirken (s. S. 28). Mit dem Schluss nach oben in bemehlte Gärkörbe oder alternativ in mit bemehlten Geschirrtüchern ausgelegte Siebe legen. Die Laibe mit einem Tuch abgedeckt 2 Stunden gehen lassen.

4 Mindestens 30 Minuten vor dem Backen den Backofen auf 250 °C vorheizen. Ein Backblech mit Backpapier belegen.

5 Die Brote auf das Backblech stürzen und mehrmals einschneiden (s. S. 237). Die Temperatur auf 230 °C reduzieren und die Brote im Ofen (Mitte) etwa 40 Minuten backen. Auf einem Gitter abkühlen lassen.

APFELBROT MIT GERÖSTETEN WALNÜSSEN

ERGIBT 2 KASTENBROTE . 14 STUNDEN . ARBEITSAUFWAND 2 VON 5

Dieses herbstliche Brot passt wunderbar zu warmen Suppen oder kräftigem Käse. Es lässt sich auch gut rösten. Ich verwende stets Fallobstäpfel und rasple sie mit der Schale.

Für den Sauerteig:
25 g Roggensaueransatz (s. S. 156)
55 g Roggenmehl (Type 1150)

Für den Teig:
200 g Walnusskerne
400 g Äpfel (ca. 5 Stück), grob geraspelt
50 g dunkler Muscovado- oder Farinzucker
640 g Weizenmehl (Type 1050)
160 g Roggenmehl (Type 1150), plus mehr zum Bestäuben
20 g Salz

Außerdem:
2 Kastenformen (à 1½ l Inhalt)
Butter für die Formen

Haltbarkeit und Lagerung

In ein Geschirrtuch gewickelt halten sich die Brote mindestens 4–5 Tage.

1 Für den Sauerteig Saueransatz, Mehl und 100 ml Wasser verrühren. Locker abgedeckt bei Zimmertemperatur 6–10 Stunden ruhen lassen, bis der Sauerteig Blasen bildet. Vom Sauerteig 25 g (2 EL) abnehmen und in einem Schraubglas im Kühlschrank für den nächsten Backtag aufbewahren.

2 Für den Teig die Walnüsse in einer trockenen Pfanne bei mittlerer Hitze rösten, bis sie leicht bräunen. Abkühlen lassen. Restlichen Sauerteig, Äpfel, Zucker, beide Mehlsorten, Salz und 350 ml kaltes Wasser in einer Schüssel kurz von Hand oder 5 Minuten in der Rührmaschine (kleine Stufe) verrühren. Zuletzt die gerösteten Nüsse unterrühren. Den Teig abgedeckt bei Zimmertemperatur 6–8 Stunden gehen lassen.

3 Die Kastenformen mit der Butter einfetten. Den Teig hineingeben, glatt streichen und leicht mit Roggenmehl bestäuben. Mit einem Geschirrtuch abgedeckt 1–2 Stunden gehen lassen, bis der Teig sein Volumen um einige Zentimeter vergrößert hat.

4 Mindestens 30 Minuten vor dem Backen den Backofen auf 250 °C vorheizen. Dabei den Ofenrost (2. Schiene von unten) mit vorheizen.

5 Die Formen auf den Rost stellen, die Temperatur auf 210 °C reduzieren und die Brote 50–60 Minuten backen. (Nach Belieben die Brote 10 Minuten vor Backzeitende aus der Form lösen und rundum bräunen lassen.) Gegebenenfalls noch aus der Form lösen und auf einem Gitter abkühlen lassen.

VIERKORNBROT

ERGIBT 2 KASTENBROTE . 12 STUNDEN . ARBEITSAUFWAND 2 VON 5

Den Vierkornschrot können Sie jederzeit gegen Roggen- oder Weizenschrot tauschen – damit schmeckt das Brot allerdings etwas anders. Je nach Mahlgrad nimmt Roggenmehl unterschiedlich viel Wasser auf. Passen Sie also die Wasser- oder Mehlmenge eventuell an, bis ein klebriger, aber nicht flüssiger Teig entsteht.

Für das Brühstück:
200 g Vierkornschrot

Für den Sauerteig:
25 g Roggensaueransatz (s. S. 156)
165 g Roggenmehl (Type 1370)

Für den Teig:
400 g Weizenmehl (Type 550)
350 g Roggenmehl (Type 1370)
50 g Leinsamen
100 g Sonnenblumenkerne
150 g Rosinen
20 g Salz

Außerdem:
2 Kastenformen (à 1½ l Inhalt)
Butter für die Formen
Sonnenblumenkerne zum Bestreuen

Haltbarkeit und Lagerung
Die Brote mit der Schnittseite nach unten auf einem Schneidebrett stehend lagern. So halten sie sich 5 Tage, in einem Frischhaltebeutel auch länger. Allerdings wird die Kruste darin weich.

1 Für das Brühstück Vierkornschrot und 300 ml kochend heißes Wasser in einer Schüssel verrühren. Mit einem Deckel oder mit Frischhaltefolie abgedeckt bis zur Verwendung quellen lassen.

2 Für den Sauerteig Roggensaueransatz, Mehl und 300 ml Wasser in einer Schüssel verrühren. Locker abgedeckt bei Zimmertemperatur 6–10 Stunden ruhen lassen, bis der Sauerteig Blasen bildet. Vom Sauerteig 25 g (2 EL) abnehmen, in ein Schraubglas füllen und im Kühlschrank für den nächsten Backtag aufbewahren.

3 Für den Teig Brühstück, restlichen Sauerteig, beide Mehlsorten, Leinsamen, Sonnenblumenkerne, Rosinen, Salz und 400 ml Wasser kurz von Hand oder 5 Minuten in der Rührmaschine (kleine Stufe) verrühren. Den Teig abgedeckt bei Zimmertemperatur 4–5 Stunden gehen lassen.

4 Die Kastenformen mit der Butter einfetten und den Teig hineingeben. Mit feuchten Händen glatt streichen und mit den Sonnenblumenkernen bestreuen. Mit Geschirrtüchern abgedeckt 1–2 Stunden gehen lassen, bis der Teig sein Volumen um einige Zentimeter vergrößert hat und kleine Löcher entstanden sind.

5 Mindestens 30 Minuten vor dem Backen den Backofen auf 250 °C vorheizen. Dabei den Ofenrost (2. Schiene von unten) mit vorheizen.

6 Die Formen auf den Rost stellen, die Temperatur auf 200 °C reduzieren und die Brote etwa 1 Stunde backen. (Nach Belieben die Brote 10 Minuten vor Backzeitende aus der Form lösen und rundum bräunen lassen.) Die Brote gegebenenfalls noch aus der Form lösen, in ein Geschirrtuch wickeln und auf einem Gitter abkühlen lassen.

FEIGEN-HASELNUSS-BROT

ERGIBT 2 BROTE . 11 STUNDEN . ARBEITSAUFWAND 2 VON 5

Dieses Brot war eines meiner ersten Sauerteigbrote überhaupt – das Rezept dafür stammt aus einer Backsendung im Fernsehen. Die Feigen können Sie auch durch andere Trockenfrüchte und die Haselnüsse durch Ihre Lieblingsnüsse ersetzen.

Für den Sauerteig:
25 g Roggensaueransatz (s. S. 156)
165 g Roggenmehl (Type 1150)

Für den Teig:
200 g getrocknete Feigen
350 g Weizenmehl (Type 550), plus mehr zum Arbeiten
210 g Weizenmehl (Type 1050)
140 g Roggenmehl (Type 1150)
200 g Haselnusskerne
20 g Salz

Haltbarkeit und Lagerung

Das Brot mit der Schnittseite nach unten auf einem Schneidebrett stehend lagern. Zum Tiefkühlen in Scheiben schneiden. Das Brot lässt sich auch gut toasten.

1 Für den Sauerteig Roggensaueransatz, Mehl und 300 ml Wasser in einer Schüssel verrühren. Mit einem Deckel locker abgedeckt bei Zimmertemperatur 6–10 Stunden ruhen lassen, bis der Sauerteig Blasen bildet. Vom Sauerteig 25 g (2 EL) abnehmen, in ein Schraubglas füllen und im Kühlschrank für den nächsten Backtag aufbewahren.

2 Für den Teig die Feigen grob hacken. Feigen, restlichen Sauerteig, alle Mehlsorten, Haselnüsse, Salz und 350 ml Wasser kurz von Hand oder 5 Minuten in der Rührmaschine (kleine Stufe) verrühren. Den Teig mit einem Deckel oder mit Frischhaltefolie abgedeckt bei Zimmertemperatur 3–5 Stunden gehen lassen.

3 Danach den Teig auf der bemehlten Arbeitsfläche halbieren und zu zwei länglichen Laiben formen. Mit dem Schluss nach oben in Gärkörbe oder auf bemehlte Geschirrtücher mit seitlichen Stützen (s. S. 236) legen. Die Laibe mit einem Geschirrtuch abgedeckt 1–2 Stunden gehen lassen.

4 Mindestens 30 Minuten vor dem Backen den Backofen (nach Belieben mit Brotbackstein) auf 250 °C vorheizen. Ein Backblech mit Backpapier belegen.

5 Die Laibe auf das Backblech oder den Brotbackstein stürzen und mehrmals einschneiden. Die Temperatur auf 230 °C reduzieren und die Brote im Ofen (Mitte) etwa 35 Minuten backen. Auf einem Gitter abkühlen lassen.

SAUERTEIGBROT MIT EMMERMEHL

ERGIBT 1 GROSSES BROT . 15 STUNDEN . ARBEITSAUFWAND 2 VON 5

Ich liebe große Brote. Wenn Ihnen dieser Riesenlaib aber zu unhandlich ist, formen Sie aus dem Teig einfach zwei kleinere Brote. Ich lasse den Teig in einem Geschirrtuch und nicht direkt auf dem Backblech gehen. So kann man ihn kurz vor dem Backen noch etwas zusammenschieben, damit der Laib höher wird. Emmer (oder Zweikorn) ist eine alte Weizensorte mit großartigem Geschmack, aber schlechten Backeigenschaften. Deshalb muss es mit anderen Mehlsorten gemischt werden. Emmer ist meist als Vollkornmehl erhältlich. Sie bekommen es in Mühlen, Bioläden, gut sortierten Supermärkten und im Internet.

Für den Sauerteig:
25 g Roggensaueransatz (s. S. 156)
55 g Roggenmehl (Type 1150)

Für den Teig:
100 g Emmervollkornmehl
60 g Weizenmehl (Type 1050)
40 g Roggenmehl (Type 1150)
550 g Weizenmehl (Type 550), plus mehr zum Arbeiten
15–20 g Salz

Haltbarkeit und Lagerung
Das Brot mit der Schnittseite nach unten auf einem Schneidebrett stehend lagern. So hält es sich 3–4 Tage.

1 Für den Sauerteig Roggensaueransatz, Mehl und 100 ml Wasser in einer Schüssel verrühren. Mit einem Deckel locker abgedeckt bei Zimmertemperatur 6–10 Stunden ruhen lassen, bis der Sauerteig Blasen bildet. Vom Sauerteig 25 g (2 EL) abnehmen, in ein Schraubglas füllen und im Kühlschrank für den nächsten Backtag aufbewahren.

2 Für den Teig restlichen Sauerteig, alle Mehlsorten, Salz und 500 ml Wasser kurz von Hand oder 5 Minuten in der Rührmaschine (kleine Stufe) verrühren. Den Teig mit einem Deckel oder mit Frischhaltefolie abgedeckt bei Zimmertemperatur 6–8 Stunden gehen lassen.

3 Den Teig auf einem gut bemehlten Geschirrtuch zu einem Quadrat auseinanderziehen. Den oberen und unteren Teigrand zur Mitte falten, sodass sie sich treffen. Das Falten wiederholen und so einen länglichen Laib mit dem Schluss in der Mitte formen. Den Laib mit dem Schluss nach unten legen, mit etwas Mehl bestäuben und mit einem zweiten Geschirrtuch abgedeckt 1½–2½ Stunden gehen lassen.

4 Mindestens 30 Minuten vor dem Backen den Backofen auf 250 °C vorheizen. Ein Backblech mit Backpapier belegen.

5 Den Laib auf das Backblech stürzen und mehrmals einschneiden. Die Temperatur auf 230 °C reduzieren und das Brot im Ofen (Mitte) etwa 45 Minuten backen. Auf einem Gitter abkühlen lassen.

ROGGEN-HARTWEIZEN-BROT

ERGIBT 1 GROSSES ODER 2 KLEINE BROTE . 21 STUNDEN . ARBEITSAUFWAND 3 VON 5

Wer sein Brot gerne mit Schnitten verziert, ist hier genau richtig. Der Teig ist relativ fest und reißt beim Backen dekorativ auf (mehr dazu auf S. 237). Das Brot wird ziemlich groß. Wenn Sie keinen ausreichend großen Gärkorb haben, weichen Sie auf ein mit einem bemehlten Geschirrtuch ausgelegtes Sieb aus.

Für den Sauerteig:
25 g Weizensaueransatz (s. S. 157)
100 g Weizenmehl (Type 550)

Für den Teig:
150 g Roggenmehl (Type 1370)
150 g Hartweizenmehl
450 g Weizenmehl (Type 550), plus mehr zum Arbeiten
15–20 g Salz

Haltbarkeit und Lagerung
Das Brot mit der Schnittseite nach unten auf einem Schneidebrett stehend lagern. So hält es sich 3–4 Tage. Zum Tiefkühlen in Scheiben schneiden.

1 Für den Sauerteig Saueransatz, Mehl und 100 ml Wasser verrühren. Mit einem Deckel locker abgedeckt bei Zimmertemperatur 6–10 Stunden ruhen lassen, bis der Sauerteig Blasen bildet. Vom Sauerteig 25 g (2 EL) abnehmen und in einem Schraubglas für den nächsten Backtag kühl stellen.

2 Für den Teig restlichen Sauerteig, alle Mehlsorten, Salz und 500 ml Wasser in einer Schüssel kurz von Hand oder 5 Minuten in der Rührmaschine (kleine Stufe) verrühren. Den Teig mit einem Deckel oder Frischhaltefolie abgedeckt 1 Stunde ruhen lassen.

3 Zum Teigfalten den Teigrand mit der feuchten Hand fassen und zur gegenüberliegenden Seite ziehen. So fortfahren, bis die Runde abgeschlossen ist (s. S. 15). Den Teig abgedeckt 1 Stunde gehen lassen.

4 Den Teig nochmals wie in Schritt 3 falten und abgedeckt etwa 1 Stunde gehen lassen. (Wird eine Rührmaschine verwendet, den Teig ohne zweites Falten noch 1 Stunde ruhen lassen.)

5 Den Teig auf der bemehlten Arbeitsfläche rund wirken (s. S. 28). Mit dem Schluss nach oben in einen Gärkorb legen. Mit einem Geschirrtuch abgedeckt bei Zimmertemperatur 2 Stunden, dann im Kühlschrank 8–12 Stunden gehen lassen.

6 Mindestens 30 Minuten vor dem Backen den Ofen (nach Belieben mit Backstein) auf 250 °C vorheizen. Ein Backblech mit Backpapier belegen.

7 Das Brot auf das Backblech oder den Backstein stürzen und mehrmals einschneiden. Die Temperatur auf 230 °C reduzieren und das Brot im Ofen (Mitte) etwa 50 Minuten backen (2 kleine Brote etwa 35 Minuten). Auf einem Gitter abkühlen lassen.

Mein Tipp: Wenn Sie kein langes Brotmesser besitzen, halbieren Sie den Laib zuerst. Dann schneiden Sie die Hälften auf der Schnittseite stehend.

BACKPFLAUMENBROT

ERGIBT 4 KLEINE BROTE . 13 STUNDEN . ARBEITSAUFWAND 2 VON 5

Backpflaumen mag ich eigentlich nicht so gerne, aber in diesem Brot schmecken sie phänomenal. Sie geben dem Brot eine schöne Farbe und einen tollen Geschmack. Der fertig gegangene Teig wird einfach nur geviertelt und in den Ofen geschoben. Diese Technik können Sie bei fast jedem Teig anwenden. So entstehen unregelmäßig geformte Laibe.

Für den Sauerteig:
25 g Roggensaueransatz (s. S. 156)
165 g Roggenmehl (Type 1150)

Für den Teig:
200 g Backpflaumen
480 g Weizenmehl (Type 1050), plus mehr zum Arbeiten
320 g Roggenmehl (Type 1150)
20 g Salz

Haltbarkeit und Lagerung
Das Brot mit der Schnittseite nach unten auf einem Schneidebrett stehend lagern. So hält es sich einige Tage. Zum Tiefkühlen in einen Gefrierbeutel geben und darin wieder auftauen lassen.

1 Für den Sauerteig Roggensaueransatz, Mehl und 300 ml Wasser in einer Schüssel verrühren. Mit einem Deckel locker abgedeckt 6–10 Stunden ruhen lassen, bis der Sauerteig Blasen bildet.

2 Für den Teig die Backpflaumen grob hacken. Pflaumen, restlichen Sauerteig, beide Mehlsorten, Salz und 450 ml Wasser in einer Schüssel kurz von Hand oder 5 Minuten in der Rührmaschine (kleine Stufe) verrühren. Den Teig mit einem Deckel oder mit Frischhaltefolie abgedeckt bei Zimmertemperatur 3–5 Stunden gehen lassen.

3 Danach den Teig auf der bemehlten Arbeitsfläche zu einem quadratischen Paket falten (s. S. 56). Den Teig etwas flach drücken und mit Mehl bestäuben. Mit einem Geschirrtuch abgedeckt etwa 2 Stunden ruhen lassen, bis der Teig auf anderthalbfache Größe aufgegangen ist.

4 Mindestens 30 Minuten vor dem Backen den Backofen auf 250 °C vorheizen. Ein Backblech mit Backpapier belegen.

5 Den Teig vierteln und die Viertel auf das Backblech legen. Die Temperatur auf 230 °C reduzieren und die Brote im Ofen (Mitte) etwa 35 Minuten backen. Auf einem Gitter abkühlen lassen.

SPORTBROT

ERGIBT 2 BROTE . 12 STUNDEN . ARBEITSAUFWAND 2 VON 5

Mein Sportbrot ist gesund, reichhaltig und lecker – besonders fein schmeckt es in dünne Scheiben geschnitten. Eventuell müssen Sie die Mehl- oder Wassermenge für den Teig anpassen, da Roggenmehl je nach Sorte unterschiedlich viel Wasser bindet. Der Teig sollte verhältnismäßig fest, aber dennoch klebrig sein.

Für den Sauerteig:
25 g Roggensaueransatz (s. S. 156)
165 g Roggenmehl (Type 1150)

Für den Teig:
300 g Weizenmehl (Type 550), plus mehr zum Arbeiten
180 g Weizenmehl (Type 1050)
120 g Roggenmehl (Type 1150)
300 g Roggenflocken
75 g Leinsamen
50 g Honig
2 EL Anissamen
2 TL Fenchelsamen
20 g Salz

Haltbarkeit und Lagerung
In ein Geschirrtuch gewickelt hält sich das Brot bis zu 1 Woche.

1 Für den Sauerteig Roggensaueransatz, Mehl und 300 ml Wasser in einer Schüssel verrühren. Mit einem Deckel locker abgedeckt bei Zimmertemperatur 6–10 Stunden ruhen lassen, bis der Sauerteig Blasen bildet. Vom Sauerteig 25 g (2 EL) abnehmen, in ein Schraubglas füllen und im Kühlschrank für den nächsten Backtag aufbewahren.

2 Für den Teig restlichen Sauerteig, alle Mehlsorten, Flocken, Leinsamen, Honig, Anis, Fenchel, Salz und 600 ml Wasser in einer Schüssel kurz von Hand oder 5 Minuten in der Rührmaschine (kleine Stufe) verrühren. Den Teig abgedeckt bei Zimmertemperatur 3–5 Stunden gehen lassen.

3 Den Teig auf der bemehlten Arbeitsfläche halbieren und rund wirken (s. S. 28). Mit dem Schluss nach oben in bemehlte Gärkörbe oder alternativ in mit bemehlten Geschirrtüchern ausgelegte Siebe legen. Die Laibe mit Geschirrtüchern abgedeckt etwa 2 Stunden gehen lassen.

4 Mindestens 30 Minuten vor dem Backen den Backofen auf 250 °C vorheizen. Ein Backblech mit Backpapier belegen.

5 Die Laibe auf das Backblech stürzen und mehrmals einschneiden. Die Temperatur auf 220 °C reduzieren und die Brote im Ofen (Mitte) etwa 45 Minuten backen. Auf einem Gitter abkühlen lassen.

STOCKHOLM-LEVAIN

Das Beste an diesem großen Brot ist seine Krume – sie ist saftig-fest und schmeckt leicht säuerlich und schön salzig. Gewöhnlich erzielt man mit langer Teigführung bei Sauerteigbroten die besseren Ergebnisse, hier jedoch lohnt sich eine kurze Teigführung. Damit der Teig schneller auf Touren kommt, rühre ich noch etwas Hefe mit in den Teig. Die können Sie natürlich auch weglassen und den Teig dafür etwas länger gehen lassen. Besonders knusprig wird die Kruste, wenn das das Brot auf einem Brotbackstein gebacken wird.

STOCKHOLM-LEVAIN

ERGIBT 1 GROSSES BROT . 12 STUNDEN . ARBEITSAUFWAND 4 VON 5

Für den Sauerteig:
25 g Weizensaueransatz (s. S. 157)
150 g Weizenmehl (Type 550)

Für den Teig:
2 g Hefe (nach Belieben)
750 g Weizenmehl (Type 550), plus mehr zum Arbeiten
20 g Salz

Haltbarkeit und Lagerung
Am besten schmeckt das Brot bis zu 2 Tage nach dem Backen. Danach kann man es gut toasten oder in der Pfanne rösten. Das Brot mit der Schnittseite nach unten auf einem Schneidebrett stehend lagern. Zum Tiefkühlen in Scheiben schneiden.

Von Hand

1 Für den Sauerteig Weizensaueransatz, Mehl und 150 ml Wasser in einer Schüssel verrühren. Mit einem Deckel locker abgedeckt bei Zimmertemperatur 6–10 Stunden ruhen lassen, bis der Sauerteig Blasen bildet. Vom Sauerteig 25 g (2 EL) abnehmen, in ein Schraubglas füllen und im Kühlschrank für den nächsten Backtag aufbewahren.

2 Für den Teig restlichen Sauerteig, nach Belieben Hefe, Mehl, Salz und 500 ml Wasser in einer Schüssel kurz verrühren. Dabei jedoch nicht kneten. Den Teig mit einem Deckel oder mit Frischhaltefolie abgedeckt 30–60 Minuten ruhen lassen.

3 Zum Teigfalten den Teigrand mit der feuchten Hand fassen und zur gegenüberliegenden Seite ziehen. So fortfahren, bis die Runde abgeschlossen ist (s. S. 15). Den Teig abgedeckt 30 Minuten ruhen lassen.

4 Den Teig nochmals wie in Schritt 3 falten und abgedeckt etwa 2 Stunden ruhen lassen.

5 Danach den Teig auf der bemehlten Arbeitsfläche zu einem Quadrat auseinanderziehen. Den oberen und unteren Teigrand zur Mitte falten, sodass sie sich in der Mitte treffen. Das Falten nochmals wiederholen. Dabei darauf achten, dass der Laib etwas kürzer als die Breite des Backblechs ist. Den Laib mit einem Geschirrtuch abgedeckt bei Zimmertemperatur etwa 1½ Stunden gehen lassen.

6 Mindestens 30 Minuten vor dem Backen den Backofen (nach Belieben mit Brotbackstein) auf 250 °C vorheizen. Ein Backblech mit Backpapier belegen.

7 Das Brot auf das Backblech oder den Brotbackstein legen. Die Temperatur auf 230 °C reduzieren und das Brot im Ofen (Mitte) 40–45 Minuten backen. (Wenn der Laib nicht auf das Blech passt, in zwei kleine Brote teilen und etwa 35 Minuten backen.) Auf einem Gitter abkühlen lassen.

Mit Rührmaschine

1 Für den Sauerteig Weizensaueransatz, Mehl und 150 ml Wasser in einer Schüssel verrühren. Mit einem Deckel locker abgedeckt bei Zimmertemperatur 6–10 Stunden ruhen lassen, bis der Sauerteig Blasen bildet. Vom Sauerteig 25 g (2 EL) abnehmen, in ein Schraubglas füllen und im Kühlschrank für den nächsten Backtag aufbewahren.

2 Für den Teig restlichen Sauerteig, nach Belieben Hefe, Mehl und 500 ml Wasser 5 Minuten (kleine Stufe) verrühren. Den Teig mit einem Deckel oder mit Frischhaltefolie abgedeckt 30–60 Minuten ruhen lassen.

3 Danach den Teig erneut 10 Minuten (mittlere Stufe) verrühren. Das Salz zugeben und 5–10 Minuten weiterrühren. Den Teig abgedeckt nochmals 30 Minuten ruhen lassen.

4 Zum Teigfalten den Teigrand mit der feuchten Hand fassen und zur gegenüberliegenden Seite ziehen. So fortfahren, bis die Runde abgeschlossen ist (s. S. 15). Das Falten im Abstand von 30–60 Minuten noch ein- bis zweimal wiederholen. Den Teig nach dem letzten Falten abgedeckt bei Zimmertemperatur etwa 2 Stunden oder an einem kühlen Ort länger gehen lassen.

5 Fortfahren wie in Schritt **5–7** beschrieben.

SCHWEDISCH-DÄNISCHES ROGGENBROT

ERGIBT 2 KASTENBROTE . 11 STUNDEN . ARBEITSAUFWAND 3 VON 5

Dieses Kastenbrot ist angelehnt an dänisches Roggenbrot. Für ein optimales Backergebnis rühren Sie am besten eine ordentliche Menge Hefe in den Teig. Oder Sie verzichten ganz auf die Hefe, doch dann wird das Brot nicht ganz so locker.

Für das Brühstück:
200 g Roggenbackschrot (Type 1800)
150 g Sonnenblumenkerne
50 g Leinsamen
30 g Salz
1¼ EL gemahlener Kreuzkümmel

Für den Sauerteig:
25 g Roggensaueransatz (s. S. 156)
165 g Roggenmehl (Type 1370)

Für den Teig:
25 g frische Hefe
250 g dunkler Zuckerrübensirup
400 g Roggenmehl (Type 1370), plus mehr zum Bestäuben
300 g Weizenmehl (Type 550)

Außerdem:
2 Kastenformen (à 1½ l Inhalt)
Butter für die Formen

Haltbarkeit und Lagerung
In einem Frischhaltebeutel aufbewahrt hält sich das Brot mindestens 1 Woche.

1 Für das Brühstück Roggenschrot, Sonnenblumenkerne, Leinsamen, Salz, Kreuzkümmel und 400 ml kochend heißes Wasser in einer Schüssel verrühren. Mit einem Deckel oder mit Frischhaltefolie abgedeckt bis zur Verwendung quellen lassen.

2 Für den Sauerteig Roggensaueransatz, Mehl und 300 ml Wasser in einer zweiten Schüssel verrühren. Mit einem Deckel locker abgedeckt bei Zimmertemperatur 6–10 Stunden ruhen lassen, bis der Sauerteig Blasen bildet. Vom Sauerteig 25 g (2 EL) abnehmen, in ein Schraubglas füllen und im Kühlschrank für den nächsten Backtag aufbewahren.

3 Für den Teig Brühstück, restlichen Sauerteig, Hefe, Sirup, beide Mehlsorten und 300 ml Wasser in einer Schüssel kurz von Hand oder 5 Minuten in der Rührmaschine (kleine Stufe) verrühren. Den Teig abgedeckt etwa 2 Stunden gehen lassen.

4 Die Kastenformen mit der Butter einfetten und den Teig hineingeben. Mit feuchten Händen glatt streichen und mit etwas Roggenmehl bestäuben. Mit Geschirrtüchern abgedeckt 1–2 Stunden gehen lassen, bis der Teig sein Volumen um einige Zentimeter vergrößert hat.

5 Mindestens 30 Minuten vor dem Backen den Backofen auf 250 °C vorheizen. Dabei den Ofenrost (2. Schiene von unten) mit vorheizen.

6 Die Formen auf den Rost stellen, die Temperatur auf 200 °C reduzieren und die Brote etwa 1 Stunde backen. Zur Garprobe nach Belieben mit einem Bratenthermometer in die Mitte der Brote stechen. Bei einer Temperatur von 98 °C sind diese fertig. Die Brote aus der Form lösen, in ein Geschirrtuch wickeln und auf einem Gitter abkühlen lassen.

ROGGEN-SESAM-BROT

ERGIBT 2 KASTENBROTE . 13 STUNDEN . ARBEITSAUFWAND 2 VON 5

Seit ich die Rute Steinofenbäckerei auf Gotland besucht habe, ist deren Roggenbrot meine Messlatte für wirklich gutes Roggenbrot. Denn dort werden fantastische Brote gebacken – mit relativ einfachen Mitteln. Und obwohl ihr Roggenbrot eigentlich nur nach Roggen schmeckt, ist sein Geschmack ganz besonders. Mein Rezept ist von diesem Brot inspiriert, zusätzlich gebe ich noch Sesam und Honig zu.

Für den Sauerteig:
25 g Roggensaueransatz (s. S. 156)
110 g Roggenmehl (Type 1370)

Für den Teig:
400 g Weizenmehl (Type 550)
600 g Roggenmehl (Type 1370)
60 g Honig
60 g Sonnenblumenkerne
20 g Salz

Außerdem:
2 Kastenformen (à 1½ l Inhalt)
Butter für die Form
Sesamsaat zum Bestreuen

Haltbarkeit und Lagerung

Die Brote mit der Schnittseite nach unten auf einem Schneidebrett stehend lagern. So halten sie sich bis zu 1 Woche, in einem Frischhaltebeutel sogar noch länger. Allerdings wird die Kruste darin weich.

1 Für den Sauerteig Roggensaueransatz, Mehl und 200 ml Wasser in einer Schüssel verrühren. Mit einem Deckel locker abgedeckt bei Zimmertemperatur 6–10 Stunden ruhen lassen, bis der Sauerteig Blasen bildet. Vom Sauerteig 25 g (2 EL) abnehmen, in ein Schraubglas füllen und im Kühlschrank für den nächsten Backtag aufbewahren.

2 Für den Teig restlichen Sauerteig, beide Mehlsorten, Honig, Sonnenblumenkerne, Salz und 700 ml Wasser in einer Schüssel kurz von Hand oder 5 Minuten in der Rührmaschine (kleine Stufe) verrühren. Den Teig mit einem Deckel oder mit Frischhaltefolie abgedeckt bei Zimmertemperatur 4–6 Stunden gehen lassen.

3 Die Kastenformen mit der Butter einfetten und mit etwas Sesam ausstreuen. Den Teig hineingeben, mit feuchten Händen glatt streichen und großzügig mit Sesam bestreuen. Mit Geschirrtüchern abgedeckt etwa 2 Stunden gehen lassen, bis der Teig sein Volumen um einige Zentimeter vergrößert hat.

4 Mindestens 30 Minuten vor dem Backen den Backofen auf 250 °C vorheizen. Dabei den Ofenrost (2. Schiene von unten) mit vorheizen.

5 Die Formen auf den Rost stellen, die Temperatur auf 200 °C reduzieren und die Brote etwa 1 Stunde backen. (Nach Belieben die Brote 10 Minuten vor Backzeitende aus der Form lösen und rundum bräunen lassen.) Die Brote gegebenenfalls noch aus der Form lösen, in Geschirrtücher wickeln und auf einem Gitter abkühlen lassen.

Mein Tipp: Besonders nahrhaft ist das Brot mit ungeschältem Sesam.

SAUERTEIGBROT MIT GERÖSTETEM HAFER

ERGIBT 2 BROTE . 14 STUNDEN . ARBEITSAUFWAND 2 VON 5

Das Haferbrühstück macht den Teig recht klebrig, das fertige Brot dafür aber umso saftiger und haltbarer. Wer keinen Kümmel mag, lässt ihn einfach weg. Der vollmundige Geschmack des Hafers reicht eigentlich völlig aus.

Für das Brühstück:
100 g Haferflocken
2 TL Kümmelsamen

Für den Sauerteig:
25 g Roggensaueransatz (s. S. 156)
55 g Roggenmehl (Type 1370)

Für den Teig:
500 g Weizenmehl (Type 550)
200 g Dinkelvollkornmehl, plus mehr zum Arbeiten
20 g Salz

Haltbarkeit und Lagerung

Das Brot mit der Schnittfläche nach unten auf einem Schneidebrett stehend lagern. So bleibt es einige Tage saftig, in einem Frischhaltebeutel aufbewahrt etwas länger. Das Brot lässt sich gut toasten.

1 Für das Brühstück die Haferflocken in einer trockenen Pfanne bei mittlerer Hitze 5–10 Minuten rösten, bis sie leicht bräunen.

2 Haferflocken, Kümmel und 300 ml kochend heißes Wasser in einer Schüssel verrühren. Mit Deckel oder mit Frischhaltefolie abgedeckt bis zur Verwendung quellen lassen.

3 Für den Sauerteig Roggensaueransatz, Mehl und 100 ml Wasser in einer Schüssel verrühren. Mit einem Deckel locker abgedeckt bei Zimmertemperatur 6–10 Stunden ruhen lassen, bis der Sauerteig Blasen bildet. Vom Sauerteig 25 g (2 EL) abnehmen, in ein Schraubglas füllen und im Kühlschrank für den nächsten Backtag aufbewahren.

4 Für den Teig Brühstück, restlichen Sauerteig, beide Mehlsorten, Salz und 350 ml Wasser in einer Schüssel kurz von Hand oder 5 Minuten in der Rührmaschine (kleine Stufe) verrühren. Den Teig abgedeckt bei Zimmertemperatur 6–8 Stunden gehen lassen.

5 Danach den Teig auf der bemehlten Arbeitsfläche halbieren und rund wirken (s. S. 28). Mit dem Schluss nach unten in bemehlte Gärkörbe oder in mit bemehlten Geschirrtüchern ausgelegte Siebe geben. Die Laibe mit Geschirrtüchern abgedeckt etwa 1–2 Stunden gehen lassen.

6 Mindestens 30 Minuten vor dem Backen den Backofen auf 250 °C vorheizen. Ein Backblech mit Backpapier belegen.

7 Die Laibe auf das Backblech stürzen. Die Temperatur auf 230 °C reduzieren und die Brote im Ofen (Mitte) etwa 35 Minuten backen. Auf einem Gitter abkühlen lassen.

TOPFBROT MIT SAUERTEIG

ERGIBT 1 GROSSES BROT . 15 STUNDEN . ARBEITSAUFWAND 2 VON 5

Das Rezept für dieses Brot ist im Grunde dasselbe wie für Martins Sauerteigbrot ohne Kneten (s. S. 162), aber es wird in einem Topf gebacken. Außerdem kommt noch etwas Roggenmehl in den Teig. Das Backen im Topf ist genial – mit dieser Technik gelingen Brote besonders gut (mehr dazu auf S. 235).

Für den Sauerteig:
25 g Roggensaueransatz (s. S. 156)
55 g Roggenmehl (Type 1370)

Für den Teig:
500 g Weizenmehl (Type 550 oder 405), plus mehr zum Arbeiten
150 g Weizenmehl (Type 1050)
100 g Roggenmehl (Type 1150)
15–20 g Salz

Außerdem:
ofenfester Topf

Haltbarkeit und Lagerung
Das Brot hat eine schöne, dicke Kruste. Darunter bleibt die Krume einige Tage saftig. Zum Tiefkühlen in Scheiben schneiden.

1 Für den Sauerteig Roggensaueransatz, Mehl und 100 ml Wasser in einer Schüssel verrühren. Mit einem Deckel locker abgedeckt bei Zimmertemperatur 6–10 Stunden ruhen lassen, bis der Sauerteig Blasen bildet. Vom Sauerteig 25 g (2 EL) abnehmen, in ein Schraubglas füllen und im Kühlschrank für den nächsten Backtag aufbewahren.

2 Für den Teig restlichen Sauerteig, alle Mehlsorten, Salz und 500 ml Wasser in einer Schüssel kurz von Hand oder 5 Minuten in der Rührmaschine (kleine Stufe) verrühren. Den Teig mit einem Deckel oder mit Frischhaltefolie abgedeckt bei Zimmertemperatur 6–8 Stunden gehen lassen.

3 Danach den Teig auf ein großzügig bemehltes Geschirrtuch geben. Die Teigkanten zur Mitte falten, bis die Unterseite glatt und straff ist. Mit dem Schluss nach unten legen und das Geschirrtuch darüberschlagen oder ein weiteres Tuch auflegen. Den Laib 1½–2½ Stunden gehen lassen. Dabei darf der Teig ruhig etwas auseinanderfließen.

4 Mindestens 30 Minuten vor dem Backen den Backofen auf 250 °C vorheizen. Den Rost so in den Ofen schieben, dass der Topf mit Deckel hineinpasst.

5 Den Teig in den Topf stürzen. Den Deckel auflegen, den Topf in den Ofen stellen und das Brot 25 Minuten backen. Danach das Brot noch 25 Minuten offen weiterbacken. Aus dem Topf lösen und auf einem Gitter abkühlen lassen.

ROGGENSAUERTEIGBROT MIT GERSTENMEHL

ERGIBT 2 BROTE . 14 STUNDEN . ARBEITSAUFWAND 2 VON 5

Früher war es nicht unüblich, Brot aus Gerstenmehl zu backen – heute wird Gerste meist als Tierfutter verwendet. Eigentlich schade, denn Gerste ist sehr schmackhaft und nahrhaft. Zwar besitzt sie eher schlechte Backeigenschaften, doch das lässt sich mit etwas anderem Mehl, beispielsweise Weizenmehl, leicht ausgleichen. Sie können das Gerstenmehl auch durch geröstetes Hafermehl ersetzen – falls Sie welches bekommen. Hafermehl besitzt ebenfalls ein ganz außergewöhnliches Aroma.

Für den Sauerteig:
25 g Roggensaueransatz (s. S. 156)
50 g Roggenmehl (Type 1370)

Für den Teig:
50 g dunkler Muscovado- oder Farinzucker
100 g Gerstenmehl, plus mehr zum Arbeiten
650 g Weizenmehl (Type 550)
15–20 g Salz

Haltbarkeit und Lagerung

Das Brot in ein Geschirrtuch gewickelt oder mit der Schnittfläche nach unten auf einem Schneidebrett stehend lagern. Zum Tiefkühlen in Scheiben schneiden.

1 Für den Sauerteig Roggensaueransatz, Mehl und 100 ml Wasser in einer Schüssel verrühren. Mit einem Deckel locker abgedeckt bei Zimmertemperatur 6–10 Stunden ruhen lassen, bis der Sauerteig Blasen bildet. Vom Sauerteig 25 g (2 EL) abnehmen, in ein Schraubglas füllen und im Kühlschrank für den nächsten Backtag aufbewahren.

2 Für den Teig restlichen Sauerteig, Zucker, beide Mehlsorten, Salz und 500 ml Wasser in einer Schüssel kurz von Hand oder 5 Minuten in der Rührmaschine (kleine Stufe) verrühren. Mit einem Deckel oder mit Frischhaltefolie abgedeckt bei Zimmertemperatur 6–8 Stunden gehen lassen.

3 Danach den Teig auf der bemehlten Arbeitsfläche zu einem Paket falten (s. S. 56). Mit dem Schluss nach unten legen und mit Mehl bestäuben. Den Laib mit einem Geschirrtuch abgedeckt 1–2 Stunden gehen lassen, bis er leicht aufgebläht wirkt.

4 Mindestens 30 Minuten vor dem Backen den Backofen auf 250 °C vorheizen. Ein Backblech mit Backpapier belegen.

5 Den Teig halbieren, die Hälften auf das Backblech legen und mehrmals einschneiden. Die Temperatur auf 230 °C reduzieren und die Brote im Ofen (Mitte) etwa 35 Minuten schön dunkel backen. Herausnehmen und auf einem Gitter abkühlen lassen.

ROGGENFLADEN

ERGIBT 4 BROTE . 13 STUNDEN . ARBEITSAUFWAND 2 VON 5

Sie können Graubrot oder Bagels als Picknickbrote nicht mehr sehen? Dann probieren Sie doch einmal diese köstlichen Roggenfladen. Ich halte eigentlich wenig davon, Brot in Plastikbeuteln aufzubewahren, doch diese Fladen werden darin sogar noch besser.

Für den Sauerteig:
25 g Roggensaueransatz (s. S. 156)
165 g Roggenmehl (Type 1150)

Für den Teig:
430 g Roggenmehl (Type 1150), plus mehr zum Arbeiten
120 g Weizenmehl (Type 1050)
15 g Salz

Haltbarkeit und Lagerung
Die Fladen waagerecht aufschneiden und in einem Frischhaltebeutel lagern. So halten sie sich bis zu 1 Woche.

1 Für den Sauerteig Roggensaueransatz, Mehl und 300 ml Wasser in einer Schüssel verrühren. Mit einem Deckel locker abgedeckt bei Zimmertemperatur 6–10 Stunden ruhen lassen, bis der Sauerteig Blasen bildet. Vom Sauerteig 25 g (2 EL) abnehmen, in ein Schraubglas füllen und im Kühlschrank für den nächsten Backtag aufbewahren.

2 Für den Teig restlichen Sauerteig, beide Mehlsorten, Salz und 350 ml Wasser in einer Schüssel kurz von Hand oder 5 Minuten in der Rührmaschine (kleine Stufe) verrühren. Den Teig abgedeckt bei Zimmertemperatur 3–5 Stunden gehen lassen.

3 Danach den Teig auf der bemehlten Arbeitsfläche vierteln. Die Viertel zu Kugeln formen, etwas flach drücken und dann etwa 1½ cm dick ausrollen. Zwei Backbleche mit Backpapier belegen und die Fladen darauflegen. Mit Geschirrtüchern abgedeckt 2–3 Stunden gehen lassen.

4 Mindestens 30 Minuten vor dem Backen den Backofen auf 250 °C vorheizen.

5 Die Fladen mit einem Holzspieß oder Zahnstocher mehrmals einstechen. Die Bleche nacheinander in den Ofen (Mitte) schieben und die Fladen jeweils etwa 30 Minuten goldbraun backen. In ein Geschirrtuch gewickelt auf einem Gitter abkühlen lassen.

FINNISCHES ROGGENBROT

ERGIBT 2 BROTE . 12 STUNDEN . ARBEITSAUFWAND 2 VON 5

Die bessere Bezeichnung für dieses Brot wäre eigentlich »Roggenbrot, wie es vermutlich in Finnland gebacken wird«. Der Teig besteht ganz aus Roggenmehl, wodurch er sehr klebrig und schwer zu formen ist. Doch Übung macht den Meister. Da Roggenmehl je nach Sorte unterschiedlich viel Wasser bindet, müssen Sie die Wasser- und Mehlmenge eventuell anpassen. Der Teig soll so weich sein, dass man ihn problemlos mit einem Löffel rühren kann.

Für den Sauerteig:
25 g Roggensaueransatz (s. S. 156)
165 g Roggenmehl (Type 1370)

Für den Teig:
200 g Buttermilch oder Joghurt
500 g Roggenmehl (Type 1370), plus mehr zum Arbeiten
15 g Salz

Haltbarkeit und Lagerung

Das Brot mit der Schnittfläche nach unten auf einem Schneidebrett stehend lagern. In einem Frischhaltebeutel hält es sich problemlos mindestens 1 Woche. Dieses Brot schmeckt immer, egal wie altbacken oder trocken es ist!

1 Für den Sauerteig Roggensaueransatz, Mehl und 300 ml Wasser in einer Schüssel verrühren. Mit einem Deckel locker abgedeckt bei Zimmertemperatur 6–10 Stunden ruhen lassen, bis der Sauerteig Blasen bildet. Vom Sauerteig 25 g (2 EL) abnehmen, in ein Schraubglas füllen und im Kühlschrank für den nächsten Backtag aufbewahren.

2 Für den Teig restlichen Sauerteig, Buttermilch, Mehl, Salz und 125 ml Wasser in einer Schüssel kurz von Hand oder 5 Minuten in der Rührmaschine (kleine Stufe) verrühren. Mit einem Deckel oder mit Frischhaltefolie abgedeckt bei Zimmertemperatur 3–5 Stunden gehen lassen.

3 Danach den Teig auf der bemehlten Arbeitsfläche halbieren und die Hälften rund wirken (s. S. 28). Ein Backblech mit Backpapier belegen. Die Laibe in Mehl wenden und mit dem Schluss nach unten auf das Backblech legen. Mit einem Geschirrtuch abgedeckt 1–2 Stunden gehen lassen, bis die Oberfläche leicht einreißt.

4 Mindestens 30 Minuten vor dem Backen den Backofen auf 250 °C vorheizen.

5 Die Temperatur auf 200 °C reduzieren und die Brote im Ofen (Mitte) etwa 1 Stunde backen. In Geschirrtücher gewickelt auf einem Gitter abkühlen lassen. Vor dem Anschneiden einige Stunden ruhen lassen.

APROPOS …

URLAUB UND SAUERTEIG

Wenn früher Urlaub anstand, habe ich entweder meinen Blumengießservice gebeten, auch den Sauerteig zu füttern, oder ich habe den Sauerteig tiefgekühlt oder getrocknet. Dann aber kam mir die Idee, den Sauerteig einfach mitzunehmen! Es macht echt Spaß, in einer Ferienhausküche mit lokalen Mehlsorten und fremden Öfen zu experimentieren. Außerdem ist es kinderleicht: Man mischt den Sauerteigansatz mit etwa 100 ml Wasser und rührt Mehl unter, bis eine pfannkuchenähnliche Masse entsteht. Sobald der Sauerteig Blasen bildet, nimmt man einen kleinen Teil ab. Zum Rest gießt man 500 ml Wasser (zum Beispiel mit einer Wasserflasche abmessen) und rührt so viel Mehl unter, bis ein Teig entsteht (1 EL Salz mit der Hand abmessen). Den lässt man zu doppelter Größe aufgehen, faltet ihn in reichlich Mehl zu einem Laib und lässt ihn erneut gehen, während der Backofen auf 230 °C vorheizt. Dann etwa 45 Minuten backen – wenn man den Laib in reichlich Mehl setzt, braucht man auch kein Backpapier. Aber Achtung: Nehmen Sie den Sauerteig bei einer Flugreise nicht mit ins Handgepäck! Ich musste meinen einmal an der Sicherheitskontrolle ausgießen.

SÜSSE

BROTE

SÜSSER HEFETEIG

ERGIBT 30–40 STÜCKE ODER 4 HEFEZÖPFE . 4 STUNDEN . ARBEITSAUFWAND 2 VON 5

Nach diesem Grundrezept bereite ich alle süßen Hefeteige in diesem Kapitel zu, außer den Safranwecken (s. S. 224). Der Teig lässt sich mit oder ohne Rührmaschine herstellen, von Hand dauert es nur etwas länger. Machen Sie sich die Mühe und zerstoßen Sie die Kardamomsamen selbst – das schmeckt tausendmal besser als fertig gemahlenes Pulver.

Für den Teig:
1 EL Kardamomsamen
150 g Butter
25 g frische Hefe
250 ml kalte Milch
150 g Zucker
6 g Salz
850–900 g Weizenmehl (Type 405 oder 550), plus mehr zum Arbeiten

Von Hand

1 Den Kardamom im Mörser zerstoßen, die Butter in dünne Scheiben schneiden (zum Beispiel mit einem Käsehobel). Kardamom, Butter, Hefe, Milch, Zucker, Salz, die Hälfte vom Mehl und 250 ml kaltes Wasser glatt verrühren. Das restliche Mehl hinzufügen und alles kurz zu einem Teig verrühren. Dabei jedoch nicht kneten. Den Teig mit einem Deckel oder mit Frischhaltefolie abgedeckt bei Zimmertemperatur etwa 1½ Stunden ruhen lassen.

2 Den Teig auf der leicht bemehlten Arbeitsfläche rund wirken (s. S. 28). Bei Bedarf einen Teigschaber benutzen. Den Teig mit dem Schluss nach unten legen, mit Mehl bestäuben und mit Frischhaltefolie abgedeckt bei Zimmertemperatur etwa 1½ Stunden oder im Kühlschrank bis zu 10 Stunden gehen lassen.

3 Danach aus dem Teig je nach Rezept Schnecken, Wecken oder Zöpfe formen.

Mit Rührmaschine

1 Den Kardamom im Mörser zerstoßen, die Butter in Scheiben schneiden. Mit den restlichen Zutaten und 250 ml kaltem Wasser 10–15 Minuten (mittlere Stufe) zu einem relativ weichen Teig verrühren.

2 Fortfahren wie in Schritt **2–3** beschrieben.

ZIMTSCHNECKEN

ERGIBT 30–40 SCHNECKEN . 3 STUNDEN (+ 4 STUNDEN FÜR DEN TEIG) . ARBEITSAUFWAND 4 VON 5

Für die Füllung:
200 g weiche Butter
175 g Zucker
2 ½ EL gemahlener Zimt
1 EL Weizenmehl (Type 405)

Für den Teig:
1 Rezept süßer Hefeteig (s. S. 208)
Hagelzucker, Rohrzucker oder gehackte Haselnüsse zum Bestreuen

Für den Sirup:
45 g Zucker
⅓ Vanilleschote (nach Belieben)

1 Für die Füllung Butter, Zucker, Zimt und Mehl in einer Schüssel mit dem Handrührgerät glatt rühren.

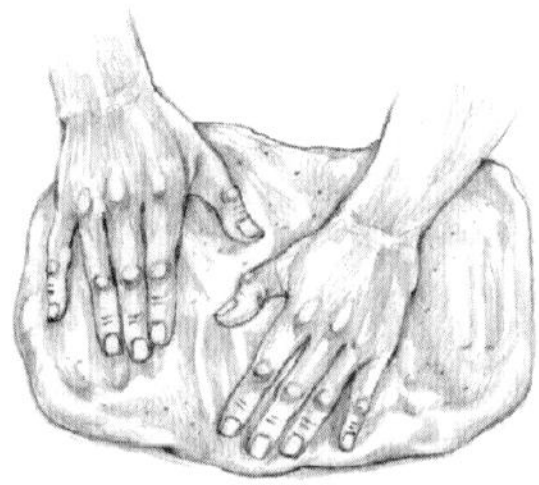

2
Den Teig auf der bemehlten Arbeitsfläche leicht flach drücken.

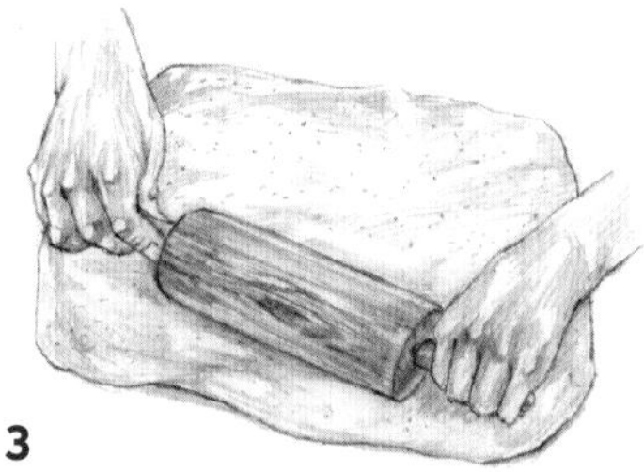

3
Dann gleichmäßig zu einem Rechteck (70 × 40 cm) ausrollen.

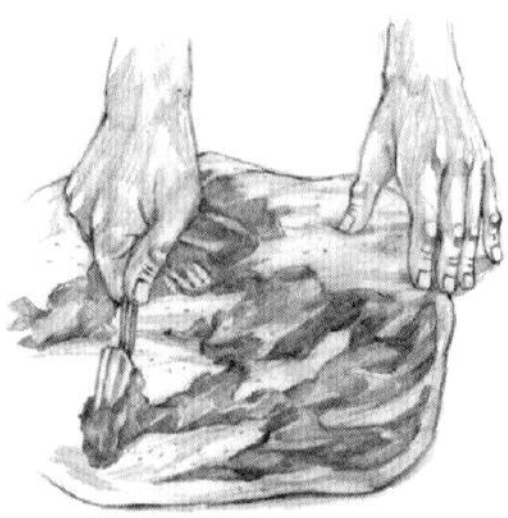

4
Die Füllung gleichmäßig bis zu den Rändern daraufstreichen.

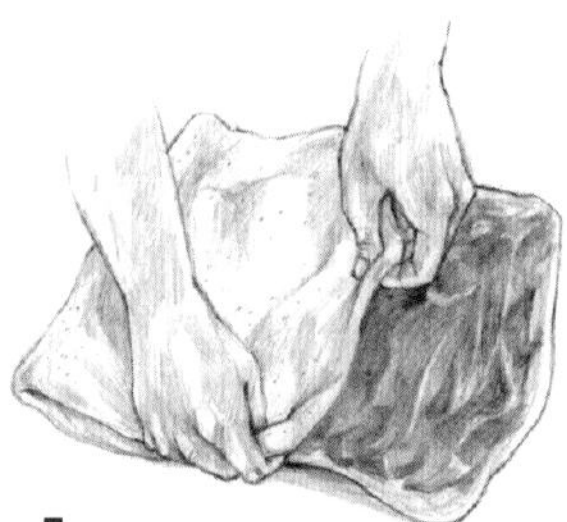

5
Ein Teigdrittel von der Längsseite her zur Mitte falten. Dann das restliche Teigdrittel von der anderen Seite darüberklappen.

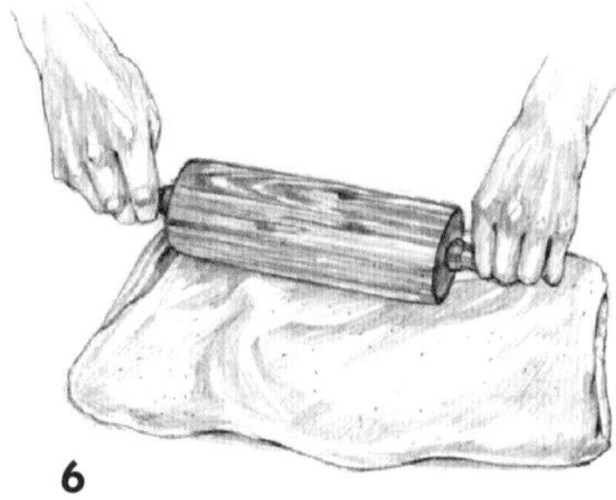

6
Den Teig so drehen, dass die offenen Enden seitlich liegen. Weiter zu einem Rechteck (60 × 25 cm) ausrollen.

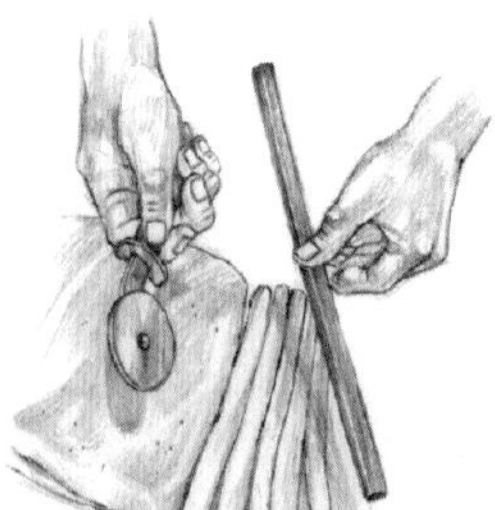

7
Mit einem Teigrad oder Messer 1½–2 cm dicke Streifen abschneiden (etwa 50 g pro Schnecke, 75 g für große Schnecken).

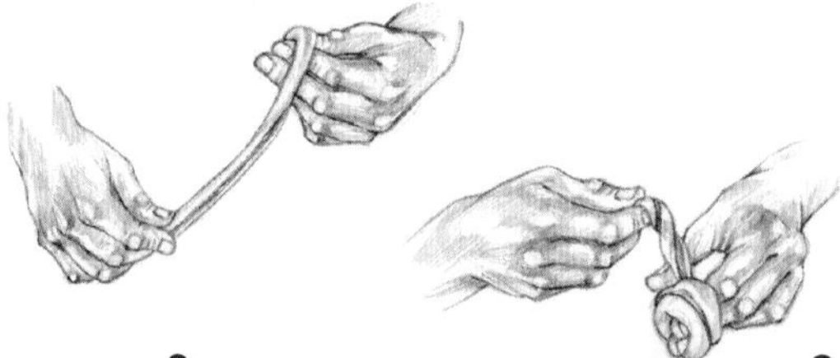

8
Einen Streifen in die Hand nehmen und ein Ende zweimal um Zeige- und Mittelfinger wickeln.

9
Das andere Ende quer über die Schnecke ziehen und an der Unterseite feststecken.

Meine besten Tipps fürs Schneckenbacken? Also: Der Teig muss ziemlich weich sein, so werden die Schnecken saftig und luftig. Die Füllung muss großzügig aufgetragen werden und der Teig muss vor dem Backen schön aufgehen. Das alles dauert einige Stunden. Wenn Sie die Schnecken also nachmittags servieren möchten, beginnen Sie am besten schon morgens. Alternativ können Sie den Teig auch schon am Vorabend anrühren, über Nacht im Kühlschrank gehen lassen und morgens die Schnecken formen und backen.

10 Zwei Backbleche mit Backpapier belegen. Die Schnecken darauf verteilen und mit dem Hagelzucker bestreuen. Mit einem Geschirrtuch abgedeckt 1½–2 Stunden gehen lassen, bis sie ihr Volumen fast verdoppelt haben.

11 Mindestens 30 Minuten vor dem Backen den Backofen auf 225 °C vorheizen.

12 Für den Sirup Zucker und 50 ml Wasser in einem kleinen Topf aufkochen. Nach Belieben die Vanilleschote längs halbieren und das Mark herausschaben. Beides in den Sirup geben, aufkochen und beiseitestellen.

13 Die Schnecken im Ofen (Mitte) etwa 10 Minuten goldbraun backen. Herausnehmen und sofort mit dem Sirup bestreichen.

Haltbarkeit und Lagerung
Die Zimtschnecken schmecken ofenfrisch am besten. Tiefgekühlte Schnecken 10 Minuten im auf 150 °C vorgeheizten Ofen auftauen.

KARDAMOMSCHNECKEN

ERGIBT 30–40 SCHNECKEN . 3 STUNDEN (+ 4 STUNDEN FÜR DEN TEIG) . ARBEITSAUFWAND 4 VON 5

Wer Abwechslung liebt, bestreicht eine Teighälfte mit Kardamomfüllung und die zweite mit Zimtfüllung (s. S. 210). Aber vergessen Sie nicht, die Füllungen jeweils zu halbieren! Aus einem Teil des Teigs können Sie auch Kardamomzwieback backen (s. S. 216).

Für die Füllung:
2 EL Kardamomsamen
200 g Zucker
200 g weiche Butter

Für den Teig:
1 Rezept süßer Hefeteig (s. S. 208)

Für den Sirup:
45 g Zucker
1/3 Vanilleschote (nach Belieben)

Haltbarkeit und Lagerung
Die Kardamomschnecken schmecken ofenfrisch am besten. Tiefgekühlte Schnecken 10 Minuten im auf 150 °C vorgeheizten Ofen auftauen.

1 Für die Füllung den Kardamom im Mörser zerstoßen und mit dem Zucker mischen. Etwa 40 g davon zum Bestreuen beiseitestellen, den restlichen Kardamomzucker unter die Butter rühren.

2 Für den Teig den Hefeteig ausrollen und füllen wie auf Seite 210 in Schritt **2–7** beschrieben.

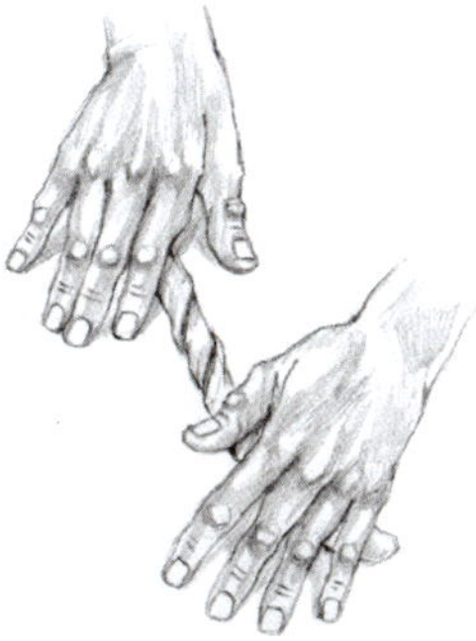

8
Jeden Teigstreifen spiralförmig verdrehen.

9
Zu einer Schnecke aufrollen …

10
… und das Ende an der Unterseite feststecken.

11 Zwei Backbleche mit Backpapier belegen. Die Schnecken darauf verteilen und mit dem übrigen Kardamomzucker bestreuen. Mit einem Geschirrtuch abgedeckt 1½–2 Stunden gehen lassen, bis sie ihr Volumen fast verdoppelt haben.

12 Mindestens 30 Minuten vor dem Backen den Backofen auf 225 °C vorheizen.

13 Für den Sirup Zucker und 50 ml Wasser in einem kleinen Topf aufkochen. Nach Belieben die Vanilleschote längs halbieren und das Mark herausschaben. Beides in den Sirup geben, aufkochen und beiseitestellen.

14 Die Schnecken im Ofen (Mitte) etwa 10 Minuten goldbraun backen. Herausnehmen und sofort mit dem Sirup bestreichen.

Mein Tipp: Werfen Sie trocken gewordene Zopfreste nicht weg! Rösten Sie sie lieber zu Zwieback.

HEFEZÖPFE

Wenn ich keine Lust auf Schnecken habe, forme ich einfach Zöpfe. Diese 1½–2 Stunden gehen lassen und 25 Minuten im auf 210 °C vorgeheizten Ofen backen.

Geflochten

1
Dem Rezept für Zimtschnecken (s. S. 210) bis Schritt 5 folgen. Den gefalteten Teig in 3 Streifen (3–4 cm breit) schneiden.

2
Die Enden zusammendrücken …

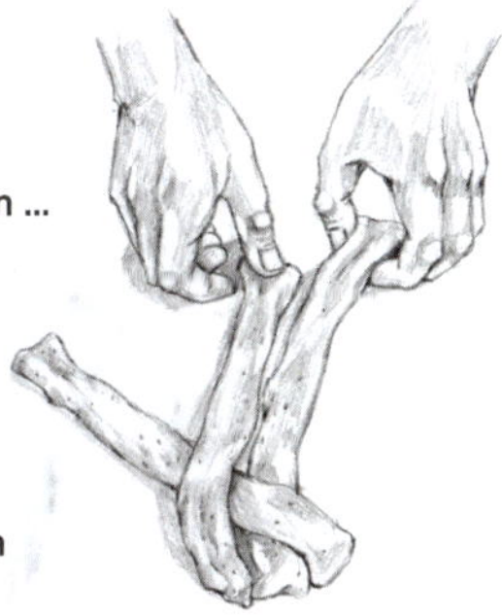

3
… und die Streifen flechten.

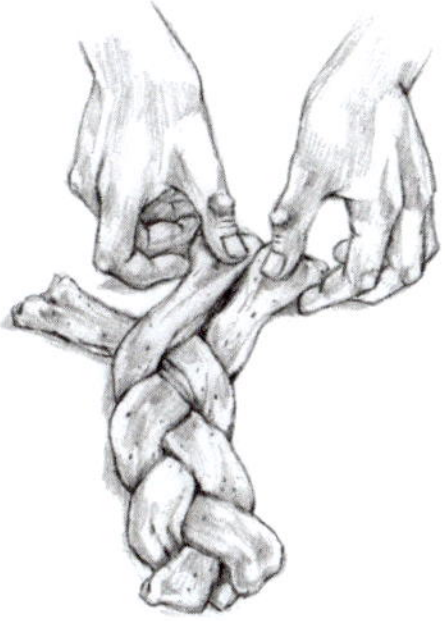

Geschnitten

1
Ein Viertel des süßen Hefeteigs zu einer Kugel formen, dann zu einem Kreis (etwa 30 cm Ø) ausrollen. Mit einer Füllung nach Wahl bestreichen.

2
Den Kreis aufrollen.

3
Die Rolle mit einer Schere im Abstand von 1½ cm fast bis zum Boden einschneiden. Die Einschnitte abwechselnd zur linken und rechten Seite klappen.

KARDAMOMZWIEBACK

ERGIBT 40 ZWIEBÄCKE . 5 STUNDEN . ARBEITSAUFWAND 3 VON 5

Wenn Sie gerade Schnecken oder Wecken backen, verwandeln Sie doch einen Teil des Teigs in köstlichen Zwieback. Damit dieser schön knusprig wird, muss er ausreichend lange trocknen – am besten über Nacht im ausgeschalteten Ofen.

Für den Teig:
½ Rezept süßer Hefeteig (s. S. 208)

Haltbarkeit und Lagerung
In einer gut schließenden Dose ist der Zwieback etwa 1 Monat haltbar.

1 Den Teig in 20 Stücke à etwa 45 g teilen und rund wirken (siehe unten). Zwei Backbleche mit Backpapier belegen und die Stücke darauf verteilen. Mit einem Geschirrtuch abgedeckt etwa 1½–2 Stunden gehen lassen.

2 Mindestens 30 Minuten vor dem Backen den Backofen auf 225 °C vorheizen.

3 Die Kugeln im Ofen (Mitte) etwa 10 Minuten goldbraun backen, dann herausnehmen. Die Temperatur auf 150 °C reduzieren und den Ofen so weit abkühlen lassen.

4 Inzwischen die Kugeln mit einer Gabel in der Mitte halbieren. Die Hälften mit der Schnittseite nach oben wieder auf die Bleche legen.

5 Die Hälften im Ofen (Mitte) nochmals etwa 10 Minuten backen, bis sie goldgelb sind. Danach den Ofen ausschalten, die Ofentür einen Spalt öffnen und den Zwieback trocknen lassen, bis der Ofen abgekühlt ist – besser jedoch über Nacht trocknen lassen.

WECKEN RUND WIRKEN

1
Zuerst die Teigränder rundum zur Mitte ziehen.

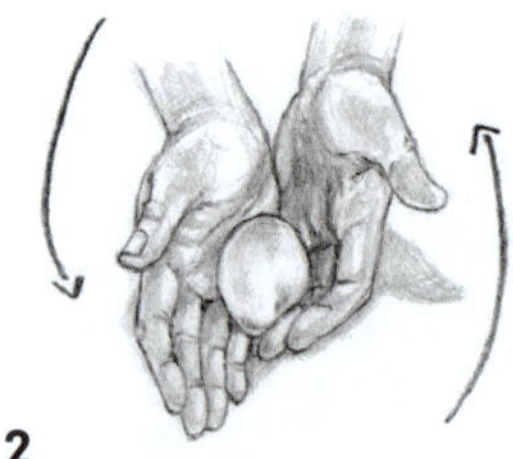

2
Die Kugeln wenden und zwischen den Handflächen vorsichtig drehen. Dabei rund formen.

Mein Tipp: Für rustikaleren Zwieback ersetzen Sie ein Viertel des Weizenmehls durch Grahammehl.

BISCOTTI

Das Schwierigste bei diesen Biscotti ist das Zerteilen der Teigstangen, denn dabei zerbricht schon mal ein Keks. Je nach der Größe der Eier müssen Sie eventuell etwas mehr Wasser oder Mehl zugeben. Der Teig darf nicht zu trocken sein, dann kann man ihn kaum vermischen, aber auch nicht zu weich, denn sonst werden die Biscotti sehr flach.

Schoko
Mandel

BISCOTTI

ERGIBT ETWA 40 BISCOTTI . 10 STUNDEN . ARBEITSAUFWAND 2 VON 5

Zum Bestreichen:
1 Ei
1 TL Zucker

Haltbarkeit und Lagerung
Trocken aufbewahrt halten sich die Biscotti problemlos einige Wochen. Am besten in durchsichtige Glasdosen schichten, darin wirken die Kekse besonders gut.

1 Den Backofen auf 200 °C vorheizen. Für die Mandel- und Schoko-Biscotti die Mandeln beziehungsweise die Haselnusskerne auf einem Backblech verteilen und im Ofen (Mitte) 5–10 Minuten rösten. Alternativ in einer trockenen Pfanne 5 Minuten bräunen.

2 Für die Safran-Biscotti Kardamom, Mehl, Zucker, Backpulver, Safran, Salz und Zitronenschale in einer Schüssel mischen. Die Eier zugeben und die Butter mit einem Käsehobel dazuhobeln. Alles mit den Händen zu einem Teig vermischen. Bei Bedarf einige Tropfen Wasser oder etwas Mehl zufügen, bis der Teig die richtige Konsistenz hat (s. S. 218).

3 Für die Mandel-Biscotti Mehl, Zucker, Backpulver, Salz, Orangenschale und geröstete Mandeln in einer Schüssel mischen. Die Eier zugeben und die Butter mit einem Käsehobel dazuhobeln. Fortfahren wie in Schritt 2 beschrieben.

4 Für die Schoko-Biscotti Mehl, Zucker, Kakao, Backpulver, Salz, Orangenschale, Schokolade und geröstete Nüsse in einer Schüssel mischen. Die Eier zugeben und die Butter mit einem Käsehobel dazuhobeln. Fortfahren wie in Schritt 2 beschrieben.

5 Die Teige auf der bemehlten Arbeitsfläche jeweils halbieren und zu Stangen (3 cm Ø) rollen. Ein Backblech mit Backpapier belegen und die Stangen darauflegen. Zum Bestreichen Ei, Zucker und 1 EL Wasser verquirlen und die Stangen dünn damit bestreichen. Die Stangen im Ofen (Mitte) etwa 20 Minuten hellbraun backen. Herausnehmen und einige Minuten abkühlen lassen, die Ofentemperatur auf 100 °C reduzieren.

6 Die Stangen schräg in 1½ cm dicke Scheiben schneiden und mit der Schnittseite nach oben wieder auf das Blech legen. Im Ofen (Mitte) etwa 45 Minuten trocknen. Den Ofen ausschalten, die Ofentür einen Spalt öffnen und die Biscotti einige Stunden oder über Nacht trocknen lassen.

SAFRAN

½ TL Kardamomsamen, zerstoßen
275 g Weizenmehl (Type 405), plus mehr zum Arbeiten
140 g Zucker
1 TL Backpulver
0,5 g Safranfäden
3 g Salz
abgeriebene Schale von 1 Bio-Zitrone
2 Eier
50 g Butter

MANDEL

150 g Mandeln
240 g Weizenmehl (Type 405), plus mehr zum Arbeiten
140 g Zucker
1 TL Backpulver
3 g Salz
abgeriebene Schale von 1 Bio-Orange
2 Eier
50 g Butter

SCHOKO

100 g Haselnusskerne
240 g Weizenmehl (Type 405), plus mehr zum Arbeiten
140 g Zucker
2 EL Kakaopulver
1 TL Backpulver
3 g Salz
abgeriebene Schale von 1 Bio-Orange
50 g Zartbitterschokolade, gehackt
2 Eier
50 g Butter

GEFÜLLTE WECKEN

ERGIBT 10 WECKEN . 2 STUNDEN (+ 4 STUNDEN FÜR DEN TEIG) . ARBEITSAUFWAND 3 VON 5

Gefüllte Wecken *(semlor)* sind eine schwedische Spezialität. Formen Sie die Wecken nicht zu groß, denn bei diesem Gebäck kommt es eigentlich auf die Füllung an. Für die Füllung werden geröstete Mandeln und Marzipan gemischt – das schmeckt sensationell. Für zehn Wecken benötigen Sie nur ein Drittel des süßen Hefeteigs, aus dem Rest können Sie Zimtschnecken oder Zwieback zubereiten.

Für den Teig:
1/3 Rezept süßer Hefeteig (s. S. 208)
Puderzucker zum Bestäuben

Zum Bestreichen:
1 Ei
1 Prise Salz

Für die Füllung:
65 g Mandeln
200 g Marzipanrohmasse
1 Schuss Milch, Sahne oder Wasser
200 g Sahne

Haltbarkeit und Lagerung
Gefüllte Wecken am besten sofort servieren. Ungefüllt lassen sie sich gut tiefkühlen. Dann 10 Minuten im auf 150 °C vorgeheizten Ofen auftauen.

1 Den Teig in zehn Stücke (à 60 g) teilen und rund wirken (s. S. 216). Ein Backblech mit Backpapier belegen und die Stücke darauf verteilen. Mit einem Geschirrtuch abgedeckt 1–2 Stunden gehen lassen, bis die Wecken ihr Volumen verdoppelt haben.

2 Mindestens 30 Minuten vor dem Backen den Backofen auf 225 °C vorheizen.

3 Zum Bestreichen Ei, Salz und 1 EL Wasser verquirlen und die Wecken damit bestreichen. Die Wecken im Ofen (Mitte) 10–15 Minuten goldgelb backen. Herausnehmen und mit einem Geschirrtuch abgedeckt auf einem Gitter abkühlen lassen.

4 Danach von den Wecken einen Deckel abschneiden und etwa die Hälfte der Krume mit einer Gabel aushöhlen.

5 Für die Füllung die Mandeln in einer trockenen Pfanne bei mittlerer Hitze 5–10 Minuten rösten, bis sie duften. Die Mandeln hacken und mit Marzipanrohmasse sowie der ausgehöhlten Krume vermischen. Die Mandelmasse mit etwas Milch cremig rühren, bis sie weich, aber nicht zu flüssig ist. Die Sahne steif schlagen.

6 Die Mandelmasse in die Wecken füllen. Jeweils einen Klecks Schlagsahne daraufgeben und die Deckel auflegen. Die Wecken mit Puderzucker bestäuben und servieren.

SAFRANWECKEN

ERGIBT 30 WECKEN . 6 STUNDEN . ARBEITSAUFWAND 3 VON 5

Wie schon bei den Zimtschnecken so muss auch hier der Teig recht weich sein und vor dem Backen lange aufgehen. Nur dann werden die Wecken schön saftig. Aus dem Teig kann man auch *Lussekatter* – ein traditionelles schwedisches Weihnachtsgebäck – zubereiten. Dafür werden die Teigstücke zuerst zu 20 cm langen Rollen gerollt, dann zu einem »S« geformt und zuletzt mit zwei Rosinen verziert.

Für den Safransud:
0,5 g Safranfäden
1 TL Zucker
1 TL brauner Rum

Für den Teig:
25 g frische Hefe
200 g Zucker
150 g Butter
5 g Salz
850 g Weizenmehl (Type 550), plus mehr zum Arbeiten
250 ml kalte Milch

Zum Bestreichen und Wälzen:
25 g Butter
Zucker

Haltbarkeit und Lagerung
Die Wecken schmecken ofenfrisch am besten. Altbackene oder tiefgekühlte Wecken 10 Minuten im auf 150 °C vorgeheizten Backofen aufbacken.

1 Für den Safransud Safranfäden, Zucker und Rum in einer Schale verrühren und einige Stunden ziehen lassen.

2 Für den Teig Safransud, Hefe, Zucker, Butter, Salz, 500 g Mehl, Milch und 250 ml kaltes Wasser in einer Schüssel vermischen. Dann das restliche Mehl zugeben und alles von Hand oder in der Rührmaschine zu einem glatten Teig verrühren. Den Teig mit einem Deckel oder mit Frischhaltefolie abgedeckt 1½–2 Stunden ruhen lassen.

3 Danach den Teig auf der bemehlten Arbeitsfläche rund wirken (s. S. 28). Den Teig mit dem Schluss nach unten legen, mit etwas Mehl bestäuben und mit einem Geschirrtuch abgedeckt bei Zimmertemperatur 1½ Stunden oder im Kühlschrank bis zu 10 Stunden gehen lassen.

4 Den Teig in Stücke à etwa 60 g teilen und rund wirken (s. S. 216). Ein Backblech mit Backpapier belegen, die Stücke daraufsetzen und mit einem Geschirrtuch abgedeckt etwa 2 Stunden gehen lassen, bis sie ihr Volumen fast verdoppelt haben.

5 Mindestens 30 Minuten vor dem Backen den Backofen auf 210 °C vorheizen.

6 Die Wecken im Ofen (Mitte) 10–15 Minuten goldgelb backen. Herausnehmen, mit einem Geschirrtuch abdecken und einige Minuten auf dem Blech abkühlen lassen.

7 Inzwischen zum Bestreichen die Butter schmelzen, den Zucker in eine Schale füllen. Die Wecken mit flüssiger Butter bestreichen und im Zucker wälzen.

BRIOCHES

ERGIBT 14 KLEINE BRIOCHES ODER 1 LAIB . 14 STUNDEN . ARBEITSAUFWAND 3 VON 5

Brioches sind ganz schön aufwendig. Doch man erledigt den Großteil der Arbeit schon am Vortag – und der Teig geht über Nacht ganz allein im Kühlschrank. Am nächsten Morgen muss man die Brioches dann nur noch in den Ofen schieben. Aus dem Briocheteig können Sie übrigens auch luftige Hamburger-Brötchen backen. Dafür die Teigstücke rund wirken, mit Ei bestreichen und mit Sesam bestreuen.

Mein Tipp: Den Teig können Sie auch zu einem Laib formen und in einer gefetteten Kastenform gehen lassen. Dann im 200 °C heißen Ofen (unten) 30 Minuten backen.

Für den Teig:
12 g frische Hefe
4 Eier
30 g Zucker
6 g Salz
300 g Weizenmehl (Type 405), plus mehr zum Arbeiten
125 g kalte Butter

Zum Bestreichen:
1 Ei
1 Prise Salz

Außerdem:
14 Briocheformen (5 cm Ø)
Butter für die Formen

Haltbarkeit und Lagerung

Die Brioches schmecken ofenfrisch am besten. Als Laib gebacken kann man die Brioche noch 2–3 Tage später geröstet genießen. Trockene Brioches zu Armen Rittern verarbeiten.

1 Für den Teig Hefe, Eier, Zucker, Salz und Mehl von Hand oder in der Rührmaschine vermischen.

2 Die Butter in dünne Scheiben schneiden (am besten mit einem Käsehobel), nach und nach zugeben und sorgfältig unterrühren. Den Teig mit einem Deckel oder mit Frischhaltefolie abgedeckt im Kühlschrank 4–6 Stunden ruhen lassen.

3 Die Briocheformen mit der Butter einfetten. Den Teig auf der bemehlten Arbeitsfläche in 16 Stücke teilen. 14 Stücke rund wirken (s. S. 216), in die Formen legen und eine kleine Mulde hineindrücken. Aus den restlichen Stücken 14 kleine Kugeln formen und je eine Kugel in die Mulden setzen.

4 Die Formen auf ein Blech oder ein Tablett stellen und mit Frischhaltefolie abdecken. Dabei darauf achten, dass die Folie keinen direkten Kontakt mit dem Teig hat, da er sonst daran festklebt. Die Brioches zuerst bei Zimmertemperatur 1 Stunde, dann im Kühlschrank 8 Stunden gehen lassen, bis sie ihr Volumen verdoppelt haben. (Alternativ 2–3 Stunden bei Zimmertemperatur gehen lassen.)

5 Mindestens 30 Minuten vor dem Backen den Backofen auf 225 °C vorheizen.

6 Zum Bestreichen Ei, Salz und 1 EL Wasser verquirlen und die Brioches damit bestreichen. Die Brioches im Ofen (Mitte) etwa 15 Minuten goldbraun backen. Auf einem Gitter abkühlen lassen.

CROISSANTS

ERGIBT 8–10 CROISSANTS . 15 STUNDEN . ARBEITSAUFWAND 5 VON 5

Für Croissants müssen Teig und Butter zwei getrennte Schichten bilden. Sind sie beim Verarbeiten aber zu warm, verbinden sich Butter und Teig, und es entsteht nicht die typisch blättrige Konsistenz. Butter und Teig müssen also gut gekühlt sein. Meine Croissants werden zwar nicht genauso wie in Frankreich, sie schmecken aber trotzdem sehr lecker.

Für den Teig:
5 g frische Hefe
200 ml kalte Milch
325 g Weizenmehl (Type 405), plus mehr zum Arbeiten
40 g Zucker
6 g Salz
125 g kalte Butter

Zum Bestreichen:
1 Ei
1 Prise Salz

1 Für den Teig Hefe, Milch, Mehl, Zucker und Salz in einer Schüssel kurz von Hand oder in der Rührmaschine zu einem Teig verrühren. Dabei jedoch nicht kneten. Den Teig mit einem Deckel oder mit Frischhaltefolie abgedeckt im Kühlschrank etwa 30 Minuten gehen lassen.

2 Den Teig auf der bemehlten Arbeitsfläche leicht flach drücken und zu einem Quadrat mit geraden Kanten falten. Das Quadrat in Frischhaltefolie wickeln und erneut 1 Stunde kühlen.

3
Die Butter zwischen Frischhaltefolie zu einem Rechteck (ca. 12 × 25 cm) ausrollen.

4
Den Teig auf der bemehlten Arbeitsfläche ausrollen (ca. 25 × 25 cm).

5
Die Butter auf eine Teighälfte legen, die andere darüberklappen.

6
Die Kanten falten, festdrücken und die Butter so einschließen.

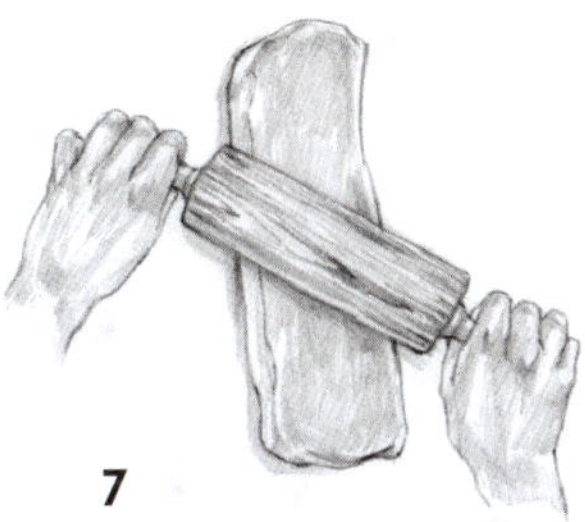

7
Den Teig zu einem Rechteck (ca. 15 × 40 cm) ausrollen.

8
Das Mehl mit einem Pinsel abbürsten. Dann das obere Teigdrittel zur Mitte falten.

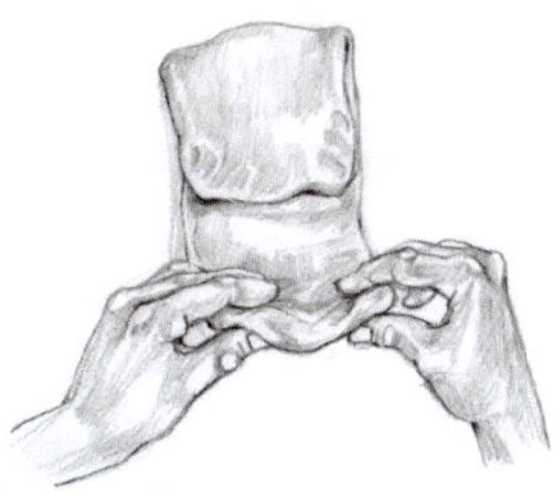

9
Das untere Drittel als dritte Schicht darüberklappen.

10
Den Teig in Frischhaltefolie wickeln und im Kühlschrank 1 Stunde gehen lassen. (Weiter auf S. 230).

11 Das Teigfalten (Schritt **7–10**) noch dreimal wiederholen und den Teig dazwischen jeweils 1 Stunde kühlen. Beim Ausrollen die offene Seite stets zum Körper drehen.

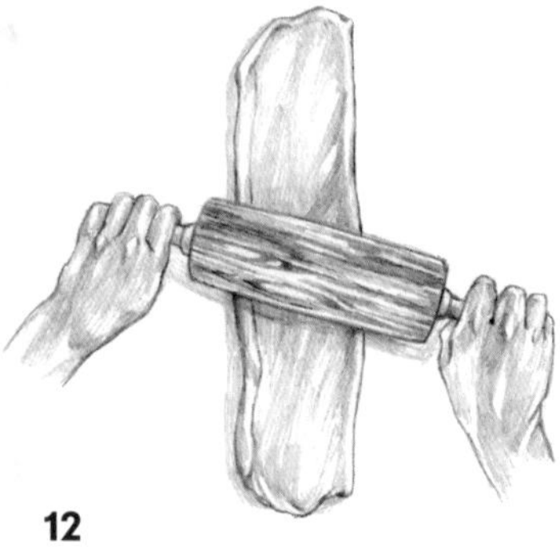

12
Den Teig zu einem Streifen (ca. 15 × 60 cm) ausrollen. Dabei am besten stückchenweise ausrollen und den Teig dazwischen jeweils einige Minuten ruhen lassen.

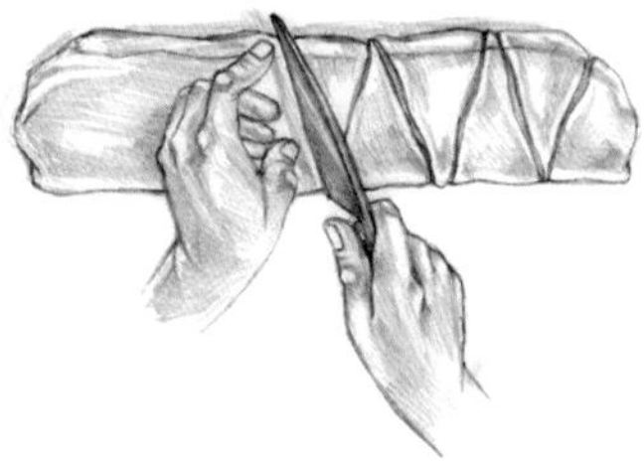

13
Den Teig im Abstand von 10–12 cm in Dreiecke teilen.

14
Die Dreiecke von der Basis her zu Croissants aufrollen.

15 Die Croissants mit Frischhaltefolie abgedeckt zuerst bei Zimmertemperatur 1 Stunde, dann im Kühlschrank 8 Stunden gehen lassen.

16 Mindestens 30 Minuten vor dem Backen den Backofen auf 225 °C vorheizen.

17 Zum Bestreichen Ei, Salz und 1 EL Wasser verquirlen und die Croissants damit bestreichen. Im Ofen (Mitte) 15–20 Minuten goldbraun backen.

Haltbarkeit und Lagerung

Die Croissants schmecken ofenfrisch am besten. Essen Sie so viele Sie schaffen – und die restlichen bringen Sie zu den Nachbarn.

Pain au chocolat

Für Schoko-Croissants zusätzlich noch je 10–15 g Schokolade in die Croissants einrollen. Für Schokobrötchen (*Pain au chocolat,* siehe rechts) der Zubereitung bis Schritt 11 folgen. Den Teig dann zu einem Rechteck (ca. 18 × 50 cm) ausrollen und längs in zwei Streifen teilen. Jeden Streifen in Viertel schneiden und auf jedes Viertel ein Stück Schokolade legen. Die Viertel dann so aufrollen, dass die Schokolade mittig liegt. Fortfahren wie in Schritt **15–17** beschrieben.

APROPOS ...

GEHZEIT VON SÜSSEM HEFETEIG

Einmal habe ich ein Rezept für Zimtschnecken ausprobiert, für das aus alten Kartons und Frischhaltefolie spezielle Gärbehälter gebaut wurden, um das feucht-warme Klima in den Gärschränken einer Bäckerei nachzuahmen. Leider wurden die Schnecken trotz stundenlangem Basteln und Gehen nicht wirklich gut. Heute weiß ich, dass sie einfach nicht ordentlich aufgegangen sind – und gerade das ist bei süßen Teilchen ausschlaggebend.

Leider halten sich Schnecken und Wecken aber nur selten an die angegebenen Zeiten – zumindest, wenn ich backe. Und auch der Hefeteig folgt beim Aufgehen keiner bestimmten Logik. Wenn in einem Wecken-Rezept beispielsweise eine Gehzeit von 1 Stunde angegeben ist, sie dann aber immer noch recht flach sind, reicht es selten aus, ihnen 20 Minuten mehr zu geben – meist brauchen sie noch 1 Stunde mehr. Die Temperatur spielt hier eine Schlüsselrolle: Schon ein paar Grad mehr oder weniger machen beim Gehen von Hefeteilchen einen großen Unterschied.

BACKLEXIKON

In meinen Rezepten verwende ich bestimmte Zutaten, Techniken und Geräte. Nachfolgend meine wichtigsten Informationen dazu.

BRÜHSTÜCK Ein Brühstück verleiht Broten mehr Saftigkeit. Dafür Mehl, Getreidekörner oder Schrot mit heißem Wasser übergießen, quellen lassen und unter den Teig rühren. Die Geister streiten sich darüber, wie heiß das Wasser für das Brühstück sein soll. Ich verwende dafür immer kochend heißes Wasser. Allerdings sollten Sie Ihrem Brotteig immer nur eine kleine Menge Brühstück (10–20 % der gesamten Mehlmenge) beimengen, da das Brot sonst zu klebrig wird und sich nicht richtig durchbacken lässt. Lassen Sie das Brühstück quellen, bis es abgekühlt ist (1–2 Stunden) oder auch länger (am besten über Nacht).

HEISSLUFT Alle Temperaturangaben in diesem Buch beziehen sich auf Backöfen mit Ober-/Unterhitze. Zwar habe ich persönlich nichts gegen die Heißluftfunktion, doch ich fühle mich bei ausgeschaltetem Ventilator sicherer. Aber das ist natürlich Geschmackssache. Wenn Sie lieber mit Heißluft (Umluft) backen möchten, reduzieren Sie die im Rezept angegebene Ofentemperatur jeweils um 15–20 °C.

BROTBACKSTEIN Mit einem Brotbackstein (auch Pizzastein genannt) verwandeln Sie Ihren Ofen in eine Art Steinbackofen. Der etwa 2 cm dicke Stein wird einfach auf den Rost des Ofens gelegt und bis zu 1 Stunde mit vorgeheizt. Das Brot wird meist direkt auf dem Stein gebacken, manchmal ist es aber praktischer, noch einen Bogen Backpapier dazwischenzulegen. Pizza und Knäckebrot lassen sich ebenfalls gut auf dem Stein backen. Meinen Brotbackstein habe ich mir von einem Steinmetz aus Kalkstein schneiden lassen. Brotbacksteine aus dem Haushaltswarengeschäft sind jedoch ebenso gut geeignet. Wenn Sie sich eine günstige Steinplatte im Baumarkt besorgen möchten, erkundi-

gen Sie sich unbedingt, ob der Stein wirklich hitzebeständig ist und auch keine gesundheitsschädlichen Stoffe enthält.

RÜHRMASCHINE (KÜCHENMASCHINE) Ich habe unterschiedliche Typen von Rührmaschinen getestet – der Großteil hat gute Arbeit geleistet. Ich bevorzuge Rührmaschinen mit fest stehender Schüssel, in der sich ein Knethaken dreht. Als fleißiger Bäcker ist mir dabei eine ausreichend große Rührschüssel besonders wichtig. Bei vielen Modellen ist sie leider oft zu klein.

TEIGKANTE Hat das fertige Brot unten eine klebrige Teigkante, war es vermutlich noch nicht durchgebacken. Vielleicht wurde das Brot auch zu früh angeschnitten. Manche Brote, zum Beispiel schwere Roggenbrote, müssen vor dem Anschneiden 10–12 Stunden ruhen.

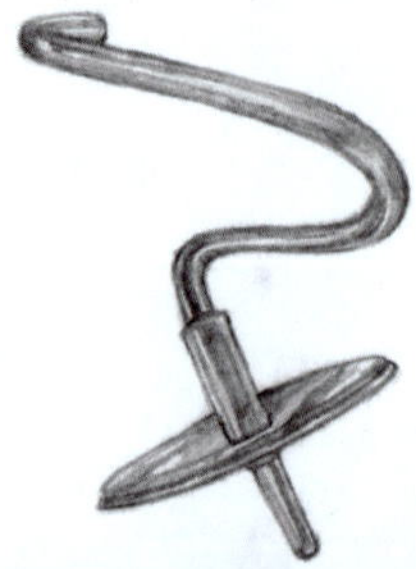

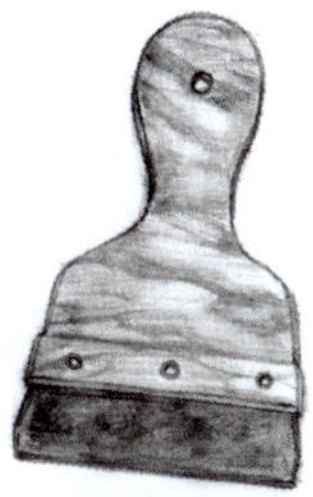

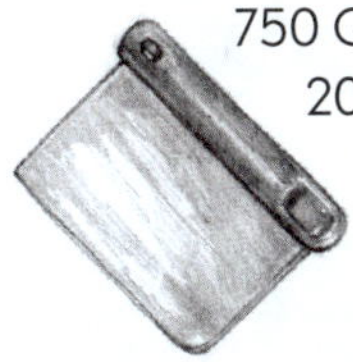

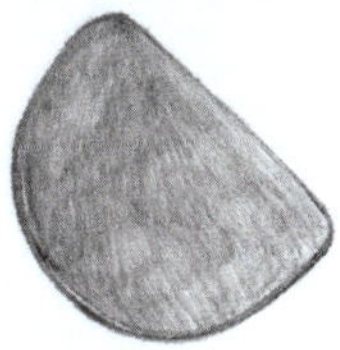

TEIGSCHABER Ein echter Helfer beim Backen, besonders beim Arbeiten mit weichen Teigen. Ich verwende drei verschiedene Arten von Teigschabern: einen gewöhnlichen aus Metall mit Kunststoffgriff, einen Malerspachtel aus dem Baumarkt – zum Zerteilen von Baguetteteig – und einen dünnen Kunststoffschaber mit abgerundeten Ecken. Er eignet sich gut, um Teig aus der Schüssel zu kratzen.

LEVAIN Das französische Wort *levain* bedeutet übersetzt Sauerteig oder Vorteig. In Schweden bezeichnet man auch helle Weizensauerbrote als Levain.

TOPFBROT Brot in einem Topf zu backen ist einfach klasse! Im geschlossenen Topf herrscht nämlich genau das feuchte Milieu, das Brote so mögen. Der Deckel bleibt im Ofen anfangs geschlossen und schützt das Brot vor der Strahlungshitze. So bildet sich nicht sofort eine Kruste, und das Brot entwickelt viel mehr Volumen. Manche heizen den Topf vor, bevor sie den Teig hineingeben. Meiner Meinung nach funktioniert aber ein kalter Topf ebenso gut – außerdem verbrenne ich mich am heißen Topf immer. Der Topf muss bis 250 °C hitzebeständig sein – fragen Sie den Hersteller, wenn Sie unsicher sind. Und vergessen Sie nicht, vor dem Backen eventuelle Kunststoffgriffe abzuschrauben! Die ungefähren Backzeiten für Topfbrote:

750 Gramm – 20 Minuten mit Deckel + 20 Minuten ohne Deckel
1400 Gramm – 25 Minuten mit Deckel + 25 Minuten ohne Deckel.

SAUERTEIG s. S. 154–161

VORTEIG Dieser Teig verleiht einem Brot mehr Geschmack und Charakter. Der Vorteig wird angesetzt, bevor man den eigentlichen Brotteig anrührt. Abgesehen vom Sauerteig, der ja auch eine Art Vorteig ist, kommen bei meinen Rezepten kaum Vorteige zum Einsatz. Wer möchte, kann jedoch zum Beispiel ein Drittel der angegebenen Zutaten zu einem Vorteig verrühren. Ein klassischer Vorteig ist der bei Baguettes eingesetzte »Poolish«, bestehend aus Mehl und Wasser zu gleichen Teilen sowie ein paar Gramm Hefe. Wenn der Vorteig luftig aufgegangen ist, wird er mit den restlichen Zutaten vermischt.

FLÜSSIGKEIT Bei neun von zehn Broten in diesem Buch verwende ich Wasser als Flüssigkeit. Sie können jedoch auch Kaffee, Bier, Malzbier, Joghurt, Buttermilch oder Milch verwenden. Joghurt und Buttermilch verleihen dem Teig eine säuerliche Note. Milch kommt häufig bei süßem Hefeteig, Hotdog-Brötchen (hier bevorzuge ich jedoch Wasser) oder Brot mit weicher Kruste zum Einsatz. Kaffee verleiht Roggenbroten ein leichtes Röstaroma, dunkles Bier wiederum einen interessanten Malzgeschmack.

GÄRKORB »Das Brot wurde gut, aber der Gärkorb ist total verbrannt!«, soll jemand ausgerufen haben, der die Funktion des Gärkorbs völlig missverstanden hatte. Im Gärkorb nämlich soll der Teig nur aufgehen – schön in die Höhe statt in die Breite –, nicht aber gebacken werden. Zum Backen wird der Teig dann aus dem Korb auf ein Backblech gestürzt und in den Ofen geschoben. Gärkörbe bestehen aus geflochtenem Stroh, Peddigrohr oder Kunststoff. Eine preisgünstige Alternative ist ein gewöhnlicher Brotkorb aus Rattan. Noch einfacher ist es für runde Brote, ein Sieb mit einem bemehlten Geschirrtuch auszulegen. Für längliche Brote kann man zwei aufgerollte Zeitungen parallel nebeneinanderlegen, mit einem bemehlten Geschirrtuch bedecken und den Teig dazwischenlegen.

DINKEL Diese alte Weizensorte ist nahrhafter als gewöhnlicher Weizen. Da Dinkel beim Anbau meist weniger ertragreich ist als Weizen, ist er auch deutlich teurer. Weizenmehl können Sie ohne Änderungen im Rezept durch Dinkelmehl ersetzen. Bedenken Sie dabei aber, dass dessen Backeigenschaften je nach Sorte stark variieren können. Als Faustregel gilt: Je weißer das Mehl, desto mehr verhält es sich wie gewöhnliches Weizenmehl. Gelbliches oder dunkleres Mehl gibt dem Brot mehr Aroma, das Backergebnis ist aber eventuell etwas kompakter.

EMMER Diese uralte Weizensorte (auch Zweikorn genannt) wurde in der Bronzezeit noch fleißig angebaut, verlor danach aber an Bedeutung. Um ihren feinen Geschmack zu nutzen, bei hellen Broten einen Teil des Mehls durch Emmervollkornmehl ersetzen.

GERSTENMEHL Gerste wird schon seit der Steinzeit angebaut, inzwischen aber meist als Tierfutter verwendet. Das ist schade, denn man kann daraus köstliches Tunnbröd, Knäckebrot und – mit anderen Mehlsorten gemischt, die besser aufgehen – auch sehr leckere Brote backen.

HARTWEIZEN Diese gelbliche Weizensorte hat trotz ihres angeblich hohen Proteingehalts keine sehr guten Backeigenschaften. Um ein gut aufgegangenes Brot aus Hartweizen herzustellen, muss man ihn mit anderen Mehlsorten mischen, zum Beispiel ein Drittel Hartweizenmehl und zwei Drittel Weizenmehl.

ROGGENKÖRNER Wer ganze Roggenkörner in seinem Brot verarbeiten möchte, muss diese vorher kochen und so aufweichen. Zu lange darf man sie jedoch nicht kochen, da sie sonst beim Backen das Wasser im Brot eher abgeben als binden. Resultat ist dann ein Brot mit einem klebrig-breiigen Kern. Mir ist mit Roggenkörnern schon so vieles schiefgegangen, dass ich jetzt meist auf Roggenbackschrot ausweiche. Aber das gilt nur für mich – vielleicht haben Sie mit den Körnern mehr Glück.

ROGGENMEHL In meinen Rezepten verwende ich Roggenmehl der Type 1150 oder 1370. Es ist im Handel sowie in Mühlen problemlos erhältlich. Die jeweilige Mehltype ist auch immer auf der Mehltüte vermerkt. Wenn Sie Ihr Mehl selbst mahlen oder frisch mahlen lassen, liegt das Ergebnis wohl irgendwo dazwischen. Generell jedoch gilt, dass fein gemahlenes Roggenmehl sich besser zum Brotbacken eignet.

ROGGENBACKSCHROT Als Schrot bezeichnet man samt der Randschicht grob zermahlene Roggenkörner. Für die Verwendung in einem Brotteig muss Schrot (Type 1800) mit heißem Wasser überbrüht werden und anschließend einige Stunden oder über Nacht quellen. Ich verwende für dieses Brühstück immer doppelt so viel Wasser wie Schrot. Siehe auch Brühstück.

WEIZENMEHL Nur wenige Dinge beeinflussen einen Teig mehr als die Art des Weizenmehls. Es hat Einfluss auf das Volumen des Brotes, darauf, wie stark es aufgeht und wie luftig es wird, und sogar auf den Geschmack. Industriemehle – also die meisten Mehlsorten im Supermarktregal – enthalten verschiedene Zusatzstoffe, um eine stets gleichbleibende Qualität zu gewährleisten. In großen Mühlbetrieben mischt man zudem Mehle unterschiedlicher Güte, um die gewünschten Eigenschaften zu erzielen. Wer also ein Industriemehl verwendet, kann sicher sein, dass sich der Teig bei jedem Backen wie erwartet verhält. Wenn Sie jedoch mit Mehlen ohne Zusatzstoffe von kleinen Mühlen arbeiten, kann die Qualität stark schwanken – zwischen den verschiedenen Mühlen wie auch zwischen den unterschiedlichen Ernten in ein und derselben Mühle. Mehl aus kleinen Mühlen hat allerdings den Vorteil, dass es oft mehr Geschmack besitzt als Industriemehle. Mehlsorten variieren auch hinsichtlich ihrer Fähigkeit, Flüssigkeiten zu binden. Bei Weizenmehl von einer kleinen Mühle müssen Sie die Menge an Wasser und Mehl eventuell anpassen. Siehe auch Zusatzstoffe.

BACKPULVER Manche mögen keine Backwaren mit Backpulver und finden den Geschmack bitter und metallisch. Dabei wird meist der Geschmack des enthaltenen Natriumaluminiumphosphats als unangenehm empfunden. Backpulver kann man durch die halbe Menge Natron ersetzen, allerdings muss dem Teig dann etwas Säure – zum Beispiel Buttermilch oder Joghurt – zugefügt werden, um das Natron zu aktivieren. Siehe auch Natron.

NATRON Es funktioniert im Prinzip wie Backpulver, entwickelt seine Wirkung aber erst in Verbindung mit Säure, beispielsweise Buttermilch, Joghurt, saurer Sahne oder saurem Obst. Wer den Beigeschmack von Natron nicht mag, kann es auch durch die doppelte Menge Backpulver ersetzen.

HEFE Ich verwende in meinen Rezepten immer frische Hefe (Kulturhefe). Sie ist im Handel in Würfelform erhältlich. Siehe auch Trockenhefe.

TROCKENHEFE In meine Teige kommt stets frische Hefe, sie kann aber gegen Trockenhefe getauscht werden, zum Beispiel bei Baguettes oder Frühstücksbrötchen (s. S. 74). Ersetzen Sie hier 3 g frische Hefe durch ½ TL Trockenhefe. Achten Sie dabei darauf, dass die Flüssigkeit zum Anrühren nicht zu warm ist.

WILDHEFE Hefe, die ganz natürlich auf organischem Material zu finden ist. Auch die Hefe im Sauerteig ist wilde Hefe. Ebenso enthält die Einweichflüssigkeit von Trockenfrüchten wie Rosinen oder Aprikosen wilde Hefen, die man als Triebmittel verwendet.

BAGUETTEEINSCHNEIDER *(lame de boulanger)* Ein Spezialmesser zum Einschneiden von Brotteigen ist eine prima Sache. Wenn Sie keines besitzen, basteln Sie sich einfach eines aus einer Rasierklinge und einem Essstäbchen. Oder verwenden Sie ein scharfes Sägemesser.

TEIG EINSCHNEIDEN Dadurch erhält ein Brot nicht nur eine attraktive Kruste, sondern kann sich beim Backen auch ausreichend ausdehnen. Nicht jedes Brot muss jedoch eingeschnitten werden. Ein Teig beispielsweise, der mit dem Schluss nach oben gebacken wird (Dinkelbrot s. S. 22), reißt an dieser Nahtstelle schon automatisch. Wenn man ein Brot mit einem richtigen Muster verzieren möchte, muss der Teig

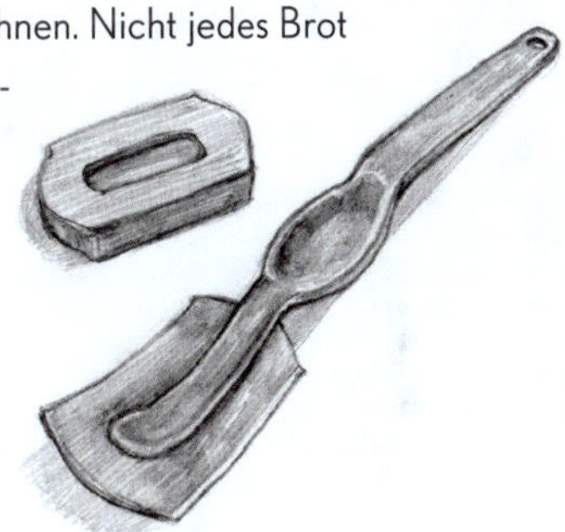

etwas fester sein. Schneidet man einen weichen Teig ein, erhält man selten diese kräftigen Risse, sondern der Laib fließt auf eine bestimmte Art auseinander. Wichtig ist auch, dass der Teig nicht zu stark aufgegangen ist, damit beim Backen im Ofen noch ausreichend Triebkraft vorhanden ist.

BRATENTHERMOMETER
Um zu prüfen, ob das Brot schon durchgebacken ist, kann man gegen Ende der Backzeit die Innentemperatur mit einem Thermometer messen. Dafür sticht man das Thermometer einfach in die Mitte des Brots ein. Ein helles Brot ist bei 96 °C, ein dunkleres bei 98 °C fertig. Nehmen Sie das Brot aber nicht sofort aus dem Ofen, sobald die gewünschte Innentemperatur erreicht ist. Schließlich soll es auch eine schöne Kruste bilden.

AUTOLYSE Bei dieser Technik ruht der Teig nach dem Verrühren 20 Minuten oder länger, bevor er geknetet wird. Während dieser Ruhephase verkettet sich das Gluten (Klebereiweiß) zu langen Strängen, und der Teig muss nicht mehr so lange geknetet werden. Autolyse eignet sich besonders für proteinarme Mehle.

BESCHWADEN Das beste Ergebnis beim Brotbacken erzielt man, wenn man zu Beginn Dampf im Ofen erzeugt (Beschwaden). Der Dampf bewirkt, dass die Kruste länger elastisch bleibt und der Teig sich besser ausdehnen kann. Durch die trockene Luft im Ofen entsteht rasch eine harte Kruste, die das Brot regelrecht verschließt. Beim Beschwaden gibt es verschiedene Methoden. Ich schiebe ein Backblech auf der untersten Schiene in den Ofen und gebe 5–6 Eiswürfel darauf, wenn ich das Brot in den Ofen schiebe. Beim Schmelzen entstehen dann schöne Dampfschwaden. Alternativ kann man auch 100 ml Wasser aufs Blech gießen. Dabei jedoch darauf achten, dass man sich nicht verbrüht. Oder man sprüht Wasser mit einer Sprühflasche in den Backofen, was ich persönlich aber weniger hilfreich finde.

DAMPF siehe Beschwaden

GEHEN Klassischerweise gibt es zwei Gehphasen unterschiedlicher Länge. Sie lassen sich somit gut in den eigenen Alltag integrieren. Bei den Brötchen mit Übernachtgare (s. S. 85) etwa ist die erste Gehphase sehr lang, die zweite nach dem Formen aber recht kurz. Einige der Sauerteigbrote ruhen vor dem Formen nur kurz und gehen dann im zweiten Schritt recht lange. Ausschlaggebend ist, dass der Teig vor dem Backen ausreichend aufgegangen ist. Man kann die Gehzeit auch verlängern, indem man den Teig in den Kühlschrank stellt. Exakte Zeitangaben sind hier schwierig, doch als Faustregel gilt: Ein Teig, der bei Zimmertemperatur 2 Stunden geht, kann mehr als doppelt so lange in den Kühlschrank gestellt werden. Übrigens geht ein fester Teig viel langsamer auf als ein weicher. Siehe auch Über-/Untergare.

KNETEN In den meisten meiner Rezepten baut der Teig die wichtigen Glutenstränge nicht auf die klassische Weise durch Kneten, sondern durch Ruhen auf. Wer möchte, kann den Teig aber auch von Hand oder in der Rührmaschine kneten.

RUHEN Bäcker nennen die Ruhephase nach dem Kneten Stockgare und die Gehphase nach dem Formen Stückgare. Wenn in meinen Rezepten steht, dass der Teig gehen soll, bedeutet das, dass er unberührt in der Schüssel oder auf der Arbeitsfläche liegen soll. Dabei geht er aber nicht unbedingt auf – zumindest nicht sichtbar. Während der Teigruhe entwickeln sich im Teig Glutenstränge. Sie verleihen ihm Spannung und sind die Voraussetzung für ein luftiges Brot. Auch beim Ausrollen von Croissantteig (s. S. 229–230) muss der Teig zwischendurch ruhen, damit er sich entspannen kann und wieder geschmeidig wird.

RUND WIRKEN Im Bäckerjargon bedeutet dies, den Teig zu einer glatten, straffen Kugel zu formen. Obwohl ich schon als »Gastarbeiter« in einigen Bäckereien tätig war, bin ich darin noch immer kein Meister. Deshalb habe ich meine eigene Methode entwickelt: Ich ziehe die Teigränder rundum zur Mitte, wodurch die Unterseite Spannung erhält. Dann wende ich den Teig und drehe ihn zwischen den gewölbten Handflächen (s. S. 28, 112, 216). Elegant ist es nicht, aber es funktioniert!

ZUSATZSTOFFE Die meisten Weizenmehlsorten der großen Hersteller beinhalten Zusatzstoffe wie Ascorbinsäure, die zu einer schnelleren Mehlreifung verhilft und die Backeigenschaften verbessert. Es gibt verschiedene Auffassungen darüber, ob Ascorbinsäure ins Mehl gehört oder nicht. Gesundheitsschädlich ist sie nicht (Ascorbinsäure ist Vitamin C), viele finden den Zusatz jedoch überflüssig. Ich persönlich habe nichts gegen Mehl mit Ascorbinsäure und verwende selbst Bioweizenmehlsorten mit diesem Zusatz. Ein anderer Zusatzstoff ist Amylase. Sie kommt in unserem Körper, aber auch zum Beispiel in gemälztem Gerstenmehl natürlich vor und dient ebenfalls der Mehlverbesserung. In seltenen Fällen wird dem Mehl zusätzliches Gluten beigemischt, um die Backeigenschaften zu verbessern und luftigere Backwaren zu erzielen.

DIGITALWAAGE Beim Backen ist eine Digitalwaage meiner Meinung nach Pflicht. Einfach die Schüssel auf die Waage stellen, eine Zutat abwiegen, wieder auf null stellen und mit der nächsten Zutat fortfahren – schnell, genau und praktisch. Zum Brotbacken empfehle ich eine Waage bis 5 Kilogramm, die exakt bis aufs einzelne Gramm wiegt. Gewürze oder andere sehr leichte Zutaten messe ich jedoch lieber mit einem Teelöffel ab, da Waagen in diesen Bereichen selten ganz zuverlässig sind.

LÖFFELMASSE Die meisten Zutaten sind in meinen Rezepten in Gramm angegeben, nur für sehr leichte oder flüssige Zutaten verwende ich Löffelmaße. Wenn Ihnen das Abwiegen jedoch zu umständlich ist, können Sie viele Zutaten auch mit einem Löffel abmessen. Dabei entsprechen:

Backpulver, Natron	1 TL = 5 g
Salz	1 TL = 6 g
Zucker	1 TL = 4 g
Butter	1 EL = 15 g
Kakaopulver	1 EL = 8 g
Gewürze (gemahlen)	1 EL = 8 g
Gewürze (ganz)	1 EL = 10 g
Leinsamen	1 EL = 10 g
Honig	1 EL = 20 g
Olivenöl	1 EL = 12 g
Malzextrakt	1 EL = 15 g
Muscovado-/Farinzucker	1 EL = 15 g

ÜBERGARE Ein Teig mit Übergare ist zu lange aufgegangen und besitzt keine Triebkraft mehr – er sinkt im Ofen ein, und das Resultat ist ein flaches, kompaktes Brot. Falls man Übergare vermutet, kann man den Teig nochmals zusammenstoßen, erneut formen und noch einmal aufgehen lassen. Dabei wird das Brot oft sogar noch besser, da sich der Geschmack während der Gehzeit entwickelt. Ein Sauerteig mit Übergare ist kaum zu retten, da er oft extrem sauer ist. Die Säure im Sauerteig zerstört dann das Gluten, und der Teig zerläuft im Ofen zu einem kompakten, sauren Fladen. Gibt man sehr viel oder sehr sauren Sauerteig in den Brotteig, steigt das Risiko, dass der Teig übersäuert. Den Teig dann einfach backen (am besten in einer Kastenform) und auf das Beste hoffen.

UNTERGARE Ein Brot, das beim Backen zu wenig Volumen entwickelt und recht kompakt ist, ist vermutlich nicht ausreichend aufgegangen (Untergare). Dies kann auch zu unkontrollierten Rissen führen.

APROPOS ...

Mehl = 100 %

Flüssigkeit = 65—75 % der Mehlmenge

Salz = 1,5—2 % der Mehlmenge

BÄCKERPROZENTE

Die einfachste Art, ein eigenes Brotrezept zu kreieren? Nehmen Sie ein Rezept, das Sie sehr gut kennen, als Grundlage und ersetzen Sie dann eine oder mehrere Zutaten ganz oder teilweise, bis Ihre Eigenkreation fertig ist.

Alternativ können Sie auch eine praktische Formel, die Bäckerprozente, anwenden. Dabei setzt man die Mehlmenge auf 100 % und misst die übrigen Zutaten im Verhältnis dazu ab. Bei einem hellen Brot gilt: Die Flüssigkeitsmenge sollte 65–75 % der Gesamtmehlmenge betragen (also 650–750 ml Wasser auf 1 kg Mehl) und die Salzmenge zwischen 1,5 und 2 % liegen (entspricht 15–20 g Salz auf 1 kg Mehl).

Wenn Sie bei Ihrem Lieblingsrezept den Prozentanteil einer Zutat berechnen möchten, dividieren Sie die Menge der Zutat durch die Mehlmenge mal 100. Bei 45 g Sirup und 800 g Mehl teilen Sie also 45 durch 800 mal 100 = 5,6 %. Danach können Sie die Sirupmenge für Ihr eigenes Rezept berechnen.

EIGENE REZEPTE

REGISTER

T

U

V

W

Z

DK | Penguin Random House

Text Martin Johansson
Fotos Jakob Fridholm
Bildbearbeitung Ellen Felixon
Illustrationen Kristin Lidström
Gestaltung und Satz Nina Ulmaja
Rezeptprüfung Kristina Valentin
Lektorat Annika Ström
Repro Italgraf Media AB, Stockholm

Für die deutsche Ausgabe:
Projektbetreuung Sarah Weiß
Herstellungskoordination Arnika Marx
Herstellung Inga Reinke

Titel der schwedischen Originalausgabe:
Bröd, Bröd, Bröd
Erschienen bei Bonnier Fakta, Stockholm, Schweden

Übersetzung Melanie Schirdewahn
Lektorat Petra Teetz

ISBN 978-3-8310-2836-8
5902-0B0044-21034-12

Druck und Bindung Printer Trento, Italien

MIX
Papier | Fördert gute Waldnutzung
FSC® C015829
FSC www.fsc.org

www.dk-verlag.de

Hinweis
Die Informationen und Ratschläge in diesem Buch sind vom Autor und vom Verlag sorgfältig erwogen und geprüft, dennoch kann eine Garantie nicht übernommen werden.
Eine Haftung der Autoren bzw. des Verlags und seiner Beauftragten für Personen-, Sach- und Vermögensschäden ist ausgeschlossen.